울리히 벡 읽기

세창사상가산책14
울리히 벡 읽기

초판 1쇄 인쇄 2016년 10월 5일
초판 1쇄 발행 2016년 10월 15일

-

지은이 홍찬숙
펴낸이 이방원
기획위원 원당희
편집 윤원진 · 김명희 · 이윤석 · 안효희 · 강윤경 · 김민균
디자인 손경화 · 박선옥
마케팅 최성수

-

펴낸곳 세창미디어
출판신고 2013년 1월 4일 제312-2013-000002호
주소 03735 서울시 서대문구 경기대로 88 냉천빌딩 4층
전화 02-723-8660 **팩스** 02-720-4579
이메일 sc1992@empal.com **홈페이지** http://www.sechangpub.co.kr/

-

ISBN 978-89-5586-453-3 04330
978-89-5586-191-4 (세트)

정가 8,000원

이 도서의 국립중앙도서관 출판시도서목록(CIP)은 서지정보유통지원시스템 홈페이지(http://seoji.nl.go.kr)와 국가자료공동목록시스템(http://www.nl.go.kr/kolisnet)에서 이용하실 수 있습니다. CIP제어번호: CIP2016023790

세창사상가산책 | ULRICH BECK

울리히 벡 읽기

홍찬숙 지음

14

세창미디어
MEDIA

머리말

울리히 벡은 현대 독일이 낳은 세계적 스타 사회학자였다. 『위험사회』가 출판되고 4년 후인 1990년에 벡의 '성찰적 근대성' 개념을 따라 "근대사회들의 근대화"라는 제목으로 독일 사회학대회가 개최될 만큼, 당시 독일 사회학계에 벡이 던진 화두는 신선하고도 묵직했다. 그로부터 18년 후 "불확실성의 시대"라는 제하에 개최된 독일 사회학대회에서 벡은 "인간 불평등의 새로운 측정"이라는 제목의 기조강연을 했다. 여기서 벡은 기후변화의 시대에 걸맞게 사회학이 방법론적 일국주의에서 방법론적 세계시민주의로 관찰의 지평을 확대해야 한다고 제안했다. 또한 그럴 경우, 불평등 문제는 더 이상 '사회 불평등'의 틀 안에 한정되지 않으며, 자연의 영역에까지 영향을 미친다고 설명했다.

독일 사회학계에서 벡에 대한 평가는 양극화되어 있다. 한편에서는 신선하고 도전적이며 탄탄한 논리를 구사하는 신진 사회학자라는 평을 받았던 반면, 다른 한편에서는 신문 문예란에나 어울리는 대중적 문필가일 뿐 엄밀한 의미에서 전문 사회학자는 아니라는 혹평도 있었다. 독일 밖에서는 벡이 '쉽게 이해되지는 않지만' 현대사회 분석에서 보기 드물게 날카롭고 신선한 혜안을 제공한다고 평가된 데 비해서, 독일 내에서 벡은 사회학을 '재치 있는 읽을거리'로 만들어 준 '수사학'의 대가로 인식되기도 했다.

필자는 벡이 뮌헨 대학에 부임하기 이전에 뮌헨 대학 사회학과에서 기초과정을 공부하고 있었다. 벡이 뮌헨 대학으로 부임하면서 바로 사회학과장에 해당되는 직책을 맡게 되어서, 그즈음 배부된 필자의 석사과정 중간시험—한국으로 치면 학사과정 졸업시험에 해당된다— 합격증에는 학과장격인 벡의 서명이 들어 있다. 필자는 세미나 수업을 통해서 벡과 그의 사회학을 접했고, 전통 독일식의 질서정연한 강의를 통해서 그의 논리에 매료되었다. 그때까지는 아직 강의를 완전히 이해할 수 있을 만큼의 독일어 실력을 갖추지는 못했지만, 벡의 사회학을 통해 필자 자신의 연구관심을 발전시킬 수 있으리라고 판단했고, 온 정성을 다해 박사논문 제안서를 준비하여 그의 제자가 될 수 있었다.

벡이 이미 유명 인사였을 뿐만 아니라 또 항상 '프로젝트 수행 중' 또는 '집필 중'이었기 때문에, 필자는 명목만 벡의 제자일 뿐 실제로 지도받은 내용은 거의 없다. 벡은 한국의 가족주의에 대한 필자의 설명에 매우 흥미를 보였고, 필자의 박사과정 졸업에 맞추어 자신이 책임편집자로 있던 〈사회세계Soziale Welt〉에 투고하라고 독려하기도 했다. 필자는 여러 사정상 당시에 투고를 하지 못했고, 귀국해서도 오랫동안 연구를 진척시키지 못했다. 필자가 일과 가족 사이에서 방향을 잃은 동안에, 벡은 서울대학교 사회학과와 공식적인 인연을 맺었다.

서울대학교 사회학과의 초청으로 2008년 벡이 방한했을 때, 필자는 벡의 제자로서 아무런 역할도 하지 못했다. 이를 안타깝게 여겼던지 벡이 한국의 독일문화원을 통해 필자의 번역을 후원해서, 필자는 『세계화 시대의 권력과 대항권력』을 번역하게 되었고, 그것을 계기로 다시 벡의 사회학과 깊은 인연을 시작하게 되었다. 지도교수임에도 불구하고 벡과는 가까이서 대화를 나눈 적이 거의 없었지만, 그가 매우 따뜻하고 권위를 내세우지 않는 성품을 가졌음은 금방 알 수 있었다. 그럼에도 불구하고 지도교수가 너무 유명한 사람이어서, 필자는 가까이 다가가는 데에 상당히 불편함을 느꼈다.

2014년 벡이 두 번째로 방한했을 때, 당시 자신이 진행하던 유럽 차원의 기후변화 프로젝트에 참여하지 않겠느냐고 필자에게 제안한 바 있다. 필자에게는 좋은 기회였지만, 2015년 첫날 벡이 급성 심근경색으로 갑작스레 세상을 뜨면서 그 프로젝트는 종료되었다.

필자의 첫 번역이었던 『세계화 시대의 권력과 대항권력』은 사실 너무 어려웠다. 그만두고 싶어 하는 필자의 마음을 출판사에서 다잡아 주어서 예정보다 많은 시간을 보낸 후에야 마침내 출판할 수 있었다. 독일문화원에서 출판을 지원하지 않았으면 성공하기 어려운 번역이었다. 그러나 이후의 번역들은 그만큼 어렵지 않아서, 필자는 벡이 부인 벡-게른스하임과 함께 쓴 『장거리 사랑』(공역)과 벡의 단독저서인 『자기만의 신』

을 연달아 번역했다. 세 권의 저서를 번역하고, 틈틈이 『위험사회』에 대한 강의를 하면서, 필자는 벡의 사회학에 다시 매료되었다.

그리하여 필자는 한국연구재단의 지원하에 벡의 개인화 이론을 중심으로 한 연구주제로 3년간의 개인연구를 진행하였고, 이 책은 그 3년간의 대장정을 마감하는 성격을 갖는다. 필자의 연구주제는 정확히 말하면 벡과 기든스, 루만을 비교하는 내용이었는데, 그와 같은 비교연구를 통해 벡의 사회학을 훨씬 깊이 있게 이해할 수 있었다. 벡의 개인화 이론과 관련된 연구결과들을 모아서 필자는 2015년 『개인화: 해방과 위험의 양면성』이라는 단행본을 출판했고, 2016년 4월에는 벡 사회학의 중심 개념들을 설명하는 소개서 『울리히 벡』을 출판했다. 이 책의 내용은 앞의 책들에서 소개한 내용과 전혀 중복되지 않는다. 중복을 피하기 위해서 이 책에서는 벡 후기의 세계시민주의 사회학 부분에 초점을 두었다.

이 책의 앞부분에서 다룬 울리히 벡의 생애와 관련된 내용은 필자가 여러 경로를 통해 알게 된 사실들 외에, 2015년 1월 6일 자 영국 〈가디언〉지에 실린 메리 칼도르와 사비네 셀초의 추도문을 참조했다(www.theguardian.com/education/2015/jan/06/ulrich-beck). 특히 벡의 출생가족에 대한 내용은 이 추도문을 통해 새롭게 알게 되었다. 또한 벡에 대한 독일 학계의 평가와 관련해서는 필자가 알던 내용들에 추가하여 위키피디아 독일어판의 '울리히 벡' 항목을 참고했다(검색일: 2016. 4. 4).

울리히 벡의 사회학에 대한 이 책의 중심 내용들은 벡의 사회학에 대한 '객관적'이고 '공인된' 내용들이 아니라, 필자가 연구하면서 발견하고 정리한 내용들로 이루어져 있다. 말하자면 필자의 눈을 통해 재구성된 벡의 사회학이라고 할 수 있다. 물론 이 과정에서 필자의 과도한 상상력이 개입되지는 않았다고 믿고 있다. 수사학상 수상경력이 말해 주듯이, 벡의 문장들은 재치 있는 반면 단순하지 않다. 현대사회의 양면적 현상들을 직접적으로 다루는 만큼 매우 탄력적이고 함축적이다. 이와 같은 의미의 미로 속에서도 벡이 일관된 맥을 놓치지 않았다고 필자는 판단하기에, 그의 일관된 입장을 끌어내고 가시화하기 위해 노력했다. 필자의 의도가 독자들에게 잘 전달되기를 바랄 뿐이다.

마지막으로, 한국연구재단의 학술연구교수 지원이 없었다

면 이 책의 기획 자체가 불가능했을 것이기 때문에 그 내용을 밝힌다. 이 저서는 2013년 정부(교육부)의 재원으로 한국연구재단의 지원을 받아 수행된 연구이다(NRF-2013S1A5B5A02029191).

2016. 10.
홍 찬 숙

세창사상가산책 | 차례

1

울리히 벡의 생애

1

소도시에서 태어나 세계적 사회학자가 되다

지금은 폴란드의 발트해 해변도시인 스웁스크이지만, 1944년 당시에는 독일의 포메른 지방에 속해 슈톨프라고 불렸던 작은 도시에서 울리히 벡이 태어났다. 그는 4명의 누나를 둔 막내이자 외동아들이었다. 그의 아버지 빌헬름은 해군 장교였고, 어머니 마가레테는 간호사였다. 2차 세계대전이 끝나면서 그의 가족은 장차 서독이 될 지역으로 이주했고, 이후 그는 서독의 하노버에서 성장했다.

문필가가 꿈이었던 벡은 변호사가 되어 생활비를 벌며 틈틈이 글을 쓰겠다는 야무진 꿈을 안고, 독일 남서부의 아름다운 도시 프라이부르크의 대학으로 가서 법학 공부를 시작했다. 그러다가 1966년 국가장학금을 받으면서 바이에른 주의 수도인 뮌헨으로 대학을 옮긴다. 대학을 옮기면서 벡은 사회학으로 전공을 바꾸고 철학, 심리학, 정치학을 공부했다. 1972년 그는 독일의 대표적 계층론자인 칼 마틴 볼테의 지도하에 박사학위를 받는다. 1979년 교수자격시험을 통과하며 뮌스터 대학의 사회학과 교수로 취임했고, 1981년 바이에른 지방의 소도시 밤베르크로 옮길 때까지 거기서 가르쳤다.

은사인 볼테가 정년퇴임을 하면서, 벡은 1992년 그 후임으로서 뮌헨 대학 사회학과로 옮겨 왔다. 당시에 벡은 이미 『위험사회』로 유명해져서, 사회학계의 논쟁적인 인물이 되어 있었다. 뮌헨 교수 시절 벡은 사회학의 근대성 이론과 사회 불평등, 정치사회학 등을 가르쳤다. 1999년부터 2009년까지 10년 동안 벡은 독일연구재단의 특별 연구과제인 "성찰적 현대화"라는 제목의 학제적 연구 프로젝트를 이끄는 책임자로 활동했다. 뮌헨과 근방 지역의 4개 대학에 소속된 다양한 분야의 전공자들이 이 프로젝트에 참여해서, 벡의 성찰적 근대성 이론을 경험적으로 검증하는 작업을 수행했다.

현재까지 『위험사회』는 35개의 언어로 출판되었는데, 이러한 세계적 유명세에 걸맞게 그는 독일을 넘어 영국과 프랑스의 대학에서도 초빙교수로 활동했다. 영국에서는 1995-97년에 카디프의 웨일스 대학, 이후에는 런던정경대학에서 활동했고, 프랑스에서는 2011년부터 브로델이 설립자로 참여했던 파리의 인문학 연구재단(FMSH)에서 초빙교수로 활동했다. 그렇다고 활동범위를 유럽 내로만 국한한 것은 아니었다. 브라질, 아르헨티나 등 남미 국가를 비롯하여 미국, 일본, 한국, 이스라엘 등 여러 나라를 방문하여 강연하고, 국제적인 연구 네트워크를 형성했다.

벡은 독일 내외의 여러 대학에서 명예박사학위를 받았는데, 그 대학들은 핀란드의 쥬배스킬래 대학, 이탈리아의 마체라타 대학, 스페인의 마드리드 대학, 독일 아이히슈태트-잉골슈타트 가톨릭 대학, 스위스의 로잔 대학, 불가리아 자유대학, 아르헨티나의 부에노스아이레스 대학, 불가리아 소피아의 성 클리멘트 옥스리드스키 대학 등이다. 벡은 또한 2014년 일본 요코하마에서 개최된 제18회 세계사회학대회에서 '미래사회 연구에 탁월한 기여를 한 일생의 업적 상'을 수상하기도 했다.

이 외에도 벡은 독일 내에서도 다양한 상을 수상했다. 뮌헨시에서 수여한 문화공로상을 비롯하여 키케로 수사학상, 독일-영국 관계에 특별히 기여했음을 치하한 독일-영국 포럼상(기든스와 함께 수상), 공공사회에서 사회학의 영향력을 탁월하게 향상시킨 공로를 치하한 독일사회학회상, 독일 최고의 사회과학자상, 비영리기구인 유럽청년의회의 슈바르츠코프 재단에서 수여하는 상 등을 수상했다.

이상의 수상내용을 보면 알 수 있듯이, 벡은 자신의 활동범위를 학계로만 국한하지 않았다. 사회학자로서 자신의 이론과 당대의 현실변화를 끊임없이 교차시킬 뿐만 아니라, 언론기고와 인터뷰, 선언문 발표 등을 통해 사회의 일반적인 행위자들과도 대화하고자 했다. 또한 벡은 독일정치와 제도적으로도 일정한 관계를 맺었는데, 예컨대 1995-97년 사이에 바이에른과 작센 주정부의 미래위원회에서 활동했고, 2011년에는 '탈핵'으로 방향 전환을 이끈 연방정부의 에너지 윤리위원회에 참여했다. 이 외에도 벡은 뮌헨의 유대인센터 자문위원이자, 언론과 표현의 자유를 목적으로 하는 PEN 국제기구 독일 지부의 일원이었다. 유럽연합 국가들의 채무위기에 맞서서 2012년에는 녹색당 정치가와 함께 아래로부터의 유럽 건설을 주장하는 선언문을 발표하기도 했다.

이러한 학문적·사회적 영향력에 기초하여, 2013년에는 유럽연구위원회에서 세계 최고 수준의 학자들에게만 수여하는 특별 연구지원금을 받을 수 있었다. 그리하여 "방법론적 세계시민주의—기후변화라는 실험실에서"라는 제목의 5년짜리 프로젝트를 시작했고, 이를 통해 기후변화와 관련하여 연구와 실천을 결합시키는 시도를 했다. 이 프로젝트의 일환으로, 2015년부터는 서울시와 공동연구도 추진할 계획이었다. 그러나 2015년 1월 1일 심근경색으로 갑작스럽게 사망함으로써 벡의 프로젝트는 모두 종료되었다.

정치적 참여와 사회적 실천에 대한 벡의 열정은 독일 현대사의 비극을 사생활에서 직접 겪어야 했던 '독일인의 조건'과 무관하지 않다. 1999년 노벨문학상 수상자였던 귄터 그라스와 현대 독일 사회철학의 대가인 하버마스는 어린 시절 나치 지배하에서 군복무를 수행했다. 자신의 의사가 뚜렷해지기도 전인 어린 시절의 그러한 행적에 대해 그들은 치열하게 사유할 수밖에 없었고, 그 결과 세계의 지성으로 우뚝 설 수 있었다. 1944년생으로 전후에 성장한 벡은 자신이 직접 군복무를 해야 하는 불행을 겪지는 않았다. 그러나 그의 아버지가 군인으로서 2차 대전에 참전했다는 사실은, 68세대 대부분의 경우와 마찬가지로 벡의 일생을 따라다니는 실존적 문제였을 것이다.

뮌헨 대학 학생 시절에 벡은 유대인 혈통을 가진 같은 과 여학생 엘리자베트 게른스하임을 만났고, 7년에 걸쳐 그녀와 연애하고 동거했다. 엘리자베트의 부모 한쪽이 유대인이었기 때문에, 벡의 부모님 쪽에서 둘의 결혼에 반대가 심했다고 한다. 그로 인해 엘리자베트와 그 가족들은 마음의 상처를 크게 받았고, 벡은 그에 대해 항상 죄스러운 마음을 떨칠 수 없었을 것이다. 벡의 사망 몇 해 전에 그의 장모가 돌아가셨는데, 그때 벡은 하던 일을 미루고 임종 때까지 그 곁을 지켰다. 어쨌든 우여곡절 끝에 1975년에 그 둘은 마침내 결혼했고, 벡의 갑작스러운 사망 때까지 결혼관계를 유지했다. 결혼 전인 1973년에 박사학위를 받았으나 1987년이 되어서야 교수자격시험을 통과한 엘리자베트가 함부르크를 거쳐 뉘른베르크에서 뒤늦게 교수직에 오름으로써, 이 두 사람은 말년까지 주말부부로 생활했다.

벡이 살던 집을 방문하여 그의 작업실은 본 사람들은 책과 원고들이 제멋대로 어질러져 정신이 없을 정도라고 말한다. 이를 증명하는 사진을 인터넷에서도 찾을 수 있다. 반면에 엘리자베트의 방은 늘 먼지 하나 없이 깨끗하게 잘 정돈되어 있었다. 이들 부부는 이렇게 여러 면에서 대조를 보였다. 유대인 혈통과 독일군 장교의 아들이라는 출신의 차이, 깔끔한 채식주의자와 털털하고 고기를 좋아하는 아저씨 스타일의 차이, 왜소하고 마른 체격과 보기 드문 거구의 체격 차이, 검은 머리에 갈색 눈과 금발에 파란 눈이라는 외모의 차이뿐만이 아니다. 벡이 시골의 한적한 소도시 출신으로 점차 큰 도시로 진출하며 마침내 세계 사회학의 거장으로 성장하며 세계시민주의 사회학으로 자신의 연구여정을 마무리했다면, 홀로코스트 이후 친지들이 세계 각지로 뿔뿔이 흩어져야 했던 엘리자베트는 애초부터 세계시민적인 사회적 배경을 강요받은 처지였다.

부인인 엘리자베트의 이러한 사회적 배경은 벡의 인생뿐만 아니라 그의 학문에도 지대한 영향을 미쳤다. 엘리자베트는 유대인 혈통일 뿐만 아니라 페미니스트 사회학자이기도 한데, 벡은 그녀의 유대인 감수성뿐만 아니라 페미니스트 감수성 역시 자신의 학문세계에 일정하게 반영했다. 명시적으로도 그는 자신의 저작들이 엘리자베트와 나눈 대화에 빚지고 있다고 밝히곤 했다. 1971년 첫 출판한 논문에서도 벡은 엘리자베트 게른스하임과 함께 작업했다. 독일의 주요 사회학 학술지인 〈쾰른 사회학 및 사회심리학지〉에 발표한 「선진 산업사회 학생소요의 이론에 대하여」라는 논문이었다. 이후 특히 가족과 사랑 분야 및 '개인화'와 관련된 연구에서, 울리히 벡은 부인인 엘리자베트와 여러 권의 공동저술을 남겼다.

2
연구의 여정

벡의 첫 번째 단행본은 1974년 함부르크의 로볼트 출판사에서 출간된 『객관성과 규범성: 근대 이후 독일 및 미국 사회학에서의 이론-실천 논의』이다. 이것은 벡의 박사학위논문으로 보이는데, 여기서 벡은 베버와 라차스펠트에서 파슨스, 굴드너, 뮈르달, 셸스키 등을 거쳐 하버마스와 루만에 이르는 다양한 사회학 및 사회조사 이론가들을 다루었다. 그러나 독일 실증주의 논쟁의 주인공이었던 아도르노·호르크하이머에 대해서는 전혀 다루지 않았다.

여기서 그의 연구를 이끈 기본적 질문은 '사회학과 정치의 관계를 어떻게 개념적으로 설명할 것인가?'였다. 그리하여 책의 제목처럼 객관성과 규범성 또는 가치중립성과 가치개입의 문제에 대해 서로 대립하는 여러 이론들을 다루었다. 여기서 벡은 굴드너의 성찰적 사회학에 대해 설명하면서 '성찰적'이라는 개념을 처음으로 사용한 것으로 보인다.

이와 같이 벡의 관심은 애초부터 '사회학과 정치'의 관계였는데, 이것은 이후에도 그의 모든 저작들을 꿰는 심지로 작용했다. 그러나 박사학위 취득 이후 그의 연구는 직업사회학 분야로 옮아갔는데, 이것은 그의 지도교수인 볼테의 영향이었던 것으로 보인다. 볼테는 뮌헨 대학 사회학연구소에서 은퇴하여 벡이 그 후임자로 올 때까지, 거기서 직업사회학·노동사회학·산업사회학·사회계층론 분야를 담당했다. 『위험사회』 이전까지 벡의 저작은 직업사회학 분야의 연구였는데, 특히 노동 및 직업 문화의 변화에 초점을 두었다.

이러한 연구의 결실이 『위험사회』 제3장 "신분과 계급을 넘어서?"를 통해 집약되었고, 그것의 내용은 '개인화 테제'로 알려졌다. 이 글은 『위험사회』 안에 삽입되기 이전에 벡이 편집자로 활동하던 〈사회세계〉라는 학술지의 특별판을 통해 먼저 출판된 바 있다. 여기서 벡은 그의 지도교수였던 볼테의 계층론뿐만 아니라 여타 계급론에서 공유하는 구조분석의 출발점, 즉 '집합적 범주'로부터 과감히 벗어나야 한다고 주장했다. 이는 계급이나 계층이라는 집합범주가 아니라 개인으로 구조분석의 관점을 옮겨야 한다는 급진적 주장으로서, 당시 독일 사회학계에서 신진학자의 거침없는 도전으로 인식되며 커다란 관심을 불러일으켰다.

이렇게 시작된 벡의 '개인화 테제'는 부인인 엘리자베트 벡-게른스하임의 가족사회학 연구와 연결되면서 점차 설명 대상을 확대해 갔다. 집합적 범주들 사이의 분배 문제를 당연시하는 기존의 사회 불평등 이론에 대해 근본적인 문제제기를 하는 동시에, 벡은 현대사회의 정치에 대한 논의에서도 정치경제학의 틀을 깼다. 그리하여 경제와 정치의 관계가 아니라, 과학과 정치의 관련성에서 출발하여 '위험사회' 및 '성찰적 근대성'의 개념을 제시했다. 결국 벡은 직업사회학 연구를 통해 '개인화 테제'를 제시하고, 개인화를 가능하게 한 '과학기술의 발전'이라는 동력이 결국 정치의 성격마저 변화시킨다고 본 것이다.

이렇게 해서 벡은 '위험사회', '개인화', '성찰적 근대성'이라는 세 핵심어로 대표되는 독창적인 사회학의 이론을 제시했는데, 위 핵심어의 내용은 각각 다음과 같다. 첫째, 과학기술 문명의 위험은 세계를 포괄적으로 위협함으로써 '세계가 위험 앞에서 평등해짐'을 함축적으로 드러낸다. 둘째, 국민국가가 정책적으로 지원하는 산업합리화로 인해 계급 정체성이 약화되고 직업세계가 개인들 간의 경쟁체제로 변화한다. 이러한 노동의 불안정화와 함께 가족관계의 불안정화 역시 수반된다. 셋째, 과학기술·산업기술이 생산하는 문명위험·생애위험을 사회제도 차원에서 감지하지 못함으로써, 정치가 사생활의 영역과 중첩되며 미시화한다. 넷째, 과학의 객관성과 확실성이 흔들리며 과학 자체가 정치화한다. 여기서 마지막 두 가지가 '성찰적 근대성'의 내용이다.

이와 같이 위험사회 단계에서 벡은 위험의 영향력은 지구적이지만, 정치는 개인화하여 생활 차원에서 미시적인 방식으로 나타난다고 보았다. 말하자면 '지구 차원으로 팽창하는 위험과 미시적 정치행위 사이를 매개해 줄 연결고리가 무엇인가?'라는 문제에 천착했고, 그것은 전통적 매개집단인 계급도 가족도 아니라는 결론이었다. '신사회운동'과 같이 '개인화'된 정치행위 및 연대방식이 새로운 연결고리로 등장하고 있다는 관찰이었다. 반면에 이때 벡은 '국민국가'라는 집합범주에 대해서는 크게 문제 삼지 않았다.

벡이 '국민국가' 역시 계급이나 핵가족과 마찬가지로 인습적인 범주라고 설명하기 시작한 것은 1990년대 신자유주의 세계화에 대한 논의에 참여하면서부터이다. 이렇게 세계화에 대한 본격적 논의가 시작되기 이전에 벡이 위험의 지구적 성격에 대해서 설명했기 때문에, 기든스는 벡을 추모하면서 그가 매우 일찍부터 세계화의 문제를 제기한 바 있다고 썼다. 어쨌든 신자유주의 세계화 문제를 계기로 벡의 이론은 변화를 보였는데, 그 자신은 그것을 우선 '위험사회'에서 '세계위험사회'로의 변화라고 표현했고, 그다음에는 '방법론적 일국주의'에서 '방법론적 세계시민주의'로의 변화라고 결론지었다. 말하자면 신자유주의 세계화를 겪으면서, 벡의 '성찰적 근대성' 이론은 '세계시민주의 사회학'으로 새롭게 태어났다.

신자유주의 세계화를 기점으로 해서, 벡은 자신이 『위험사회』에서 방법론적 일국주의를 탈피하지 못했기 때문에 몇 가지의 오류를 범했다고 스스로 비판한다. 우선 국민국가를 당연한 것으로 보았기 때문에 개인화의 미시적 방향만을 강조하고 '세계시민화'라는 메타거시적 방향을 보지 못했다는 것이다. 그러나 방법론적 세계시민주의를 취할 경우 개인화는 세계시민화의 이면에 불과하다. 두 번째로, 벡은 자신이 사회 불평등을 서구 국민국가 내부의 문제로만 설명함으로써, 개인화에 수반되는 '평등성'의 방향을 강조하고 국민국가들 사이의 '중심과 주변'이라는 불평등의 문제를 보지 못했다고 고백했다. 따라서 불평등의 분석 단위를 국민국가별 사회가 아니라 세계사회로 넓혀야 한다고 설명했다. 이 역시 방법론적 세계시민주의의 내용으로 제시되었다.

방법론적 일국주의에서 방법론적 세계시민주의로 변화할 필요성을 주창하면서, 벡은 개인화 이론의 적용 대상 역시 확대해 갔다. 이것은 곧 개인화가 세계시민화의 이면임을 설명하는 과정이었다. 그리하여 개인화는 계급이나 가족과 같이 사회 불평등과 관련된 영역에서만 일어나는 현상이 아니라,

국가폭력이나 종교 역시 개인화한다고 설명했다. 초국적 테러리즘에 대해서는, 국민국가로 집중되었던 폭력 사용이 테러리스트 개인의 손으로 개인화하는 현상이라고 보았다. 그리고 국경이 약해지면서 폭력이 개인화하는 이러한 문제를 관찰하거나 해결하기 위해서는 국민국가의 관점으로 돌아갈 것이 아니라 세계시민적인 지평 위에서 사고할 수밖에 없다고 주장했다. 또한 종교의 개인화 역시 종교의 세계시민적 공존으로 갈 디딤돌이 될 수 있다고 보았다.

이와 같이 벡의 사회학적 근대성 이론이 신자유주의 세계화를 고려하면서 내용적으로 변화하기 때문에, 이 책에서는 '위험사회'와 '세계위험사회'의 두 단계로 나누어서 그의 이론세계를 살펴볼 것이다. 그런 후 '세계시민주의 사회학'의 제하에 벡이 제시하는 새로운 사회학의 연구방법론 및 그 철학적 배경에 대해 설명한다. 마지막으로, 벡의 사회학이 기존의 사회학과 구별되는 지점을 정리함으로써 이 책을 마무리한다.

3
벡의 사회학에 대한 독일 내의 평가

벡은 기존의 어떤 학파에도 소속감을 표현하지 않았고 자신의 이론이 사회학사의 어딘가에 위치하는지에 대해 관심조차 두지 않았기 때문에, 독일 사회학계에서 찬탄과 논쟁뿐만 아니라 비판과 거부감 역시 크게 불러일으켰다. 벡은 기존의 사회학을 인습적이라고 비판하고 사회학의 범주들과 개념들이 당시의 현실변화를 전혀 설명하지 못한다고 비판했다. 그는 전통적인 이론들을 떠나야 비로소 진행 중인 변화들을 경험적으로 관찰할 수 있다고 주장했고, 이론적 모델에서 출발하는 경험연구의 방식을 비판했다. 이처럼 포퍼의 과학이론에 기초하는 전후 독일사회학의 지배적 패러다임을 거부했기 때문에, 그의 저작은 전후 독일 사회학계에서 가장 논쟁적인 저술 중 하나가 되었다.

벡의 개인화 테제의 출발점은 계급론뿐만 아니라 지도교수인 볼테의 양파형 계층모델에 대한 비판이었지만, 볼테와의 관계는 그리 나쁘지 않았다. 퇴임하면서 볼테는 벡이 자신의 후임으로 오기를 바랐고, 그의 소망은 실현되었다. 개인화 테제는 계층이론모델에서 출발하는 사회학의 주류 쪽뿐만 아니라, 동시에 계급론 쪽에서도 많은 비판에 직면했다. "궁핍은 위계적이나 스모그는 민주적"이라는 『위험사회』 속의 유명한 표현으로 인해, 벡이 집단적 불평등 구조를 무시한다고 해석되었기 때문이다. 이와 같은 비판은 외국의 학자들에 의해서도 제기되었다. 영국 브리스톨 대학의 윌 앳킨슨이나 프랑스 사회학의 거장 피에르 부르디외 같은 학자들이 그러했다. 그러나 앳킨슨이 구조적 불평등 이론과 개인화 이론이 양립 가능할 것이라는 기대를 버리지 않은 데 반해서, 탈구조주의 계급론을 주장한 피에르 부르디외는 벡을 신자유주의 옹호자라고 비판했다.

그러나 벡은 개인화가 단순히 '해방'의 일면만을 갖는 과정이 아니라, 불평등 범주의 유동화를 통해 중산층의 고용안정성 및 삶까지 광범위하게 위협한다고 『위험사회』에서부터 설명했다. 따라서 벡이 불평등의 구조를 송두리째 부정한다는 비판은 지나친 것이다. 벡은 '개인화' 추세에 대해서만큼 힘주어 강조하지는 않았지만, 불평등 구조가 오히려 악화된다는 점 역시 명시적으로 강조했다.

비판이론과 페미니스트 진영에서도 벡에 대한 비판이 제기되었는데, 대표적인 논자는 아도르노·호르크하이머의 비판이론을 계승한 페미니스트 사회학자 레기나 베커-슈미트였다. 벡은 2002년 독일어로 발표한 저서 『세계화 시대의 권력과 대항권력』에서 자신이 세계시민적 방향의 '새로운 비판이론'을 제안한다고 공표했지만, 아도르노와 호르크하이머를 정식으로 다루지는 않았다. 벡이 아도르노를 언급할 경우 그것은 아도르노가 근대성에 대해 지나치게 회의적이었다고 비판하는 내용이었기 때문에, 베커-슈미트는 벡이 비판이론의 후계자라고 공언하는 것이 부당하다고 판단했다. 또한 페미니스트인 베커-슈미트는 남성과 여성 간 개인화의 차이로 인해 여성의 부담과 위험이 구조적으로 증가한다는 사실을 벡이 간과했다고 비판했다. 그녀는 벡의 '시민노동'이 여성노동을 헐값에 착취하는 것과 다르지 않다고 비판했고, 벡의 세계시민주의 사회학이 유럽 중심적인 유토피아에 불과하다고도 비판했다.

이와 달리 『사랑은 왜 아픈가』와 『사랑은 왜 불안한가』를 쓴 유대인 감정사회학자 에바 일루즈는 벡이 정치참여와 사회학적 저술을 통해 유럽시민의 정신을 계승한 학자라고 높이 평가했다. 일루즈는 벡이 자본주의를 단순히 비판하거나 옹호하는 입장표명을 뛰어넘어 현재 진행 중인 제도변화에 집중했다는 점에서 『위험사회』가 뛰어난 성과라고 판단했다. 1975-89년에 비판이론의 본고장인 프랑크푸르트 사회조사연구소에서 활동한 바 있으며 학술지 〈비판법학〉의 편집자였던 법학자 라이너 에르트 역시 벡이 독일 사회학에서 탁월한 위치를 점하고 있으며, 그의 연구는 전후 독일 사회학의 답답한 틀을 깨고자 했던 모든 이들이 원하던 바였다고 칭송했다. 벡을 긍정적으로 평가한 논자들은 그가 시민운동을 옹호하고 정치가들에게 새로운 사고를 촉구했다는 점을 높이 샀다.

벡은 독일연구재단의 특별과제 "성찰적 현대화"를 통해 경험연구를 조직했고, 또 인습적 사회학에 대한 그의 비판은 무엇보다도 '이론모델에서 출발함'에 대한 것이었다. 이런 의미에서 그는 파슨스의 거시이론에 반기를 든 파슨스의 제자 머튼이 강조한바, '중범위 이론'을 자신의 출발점으로 삼았다.

그러나 이처럼 이론모델이 아닌 경험적 사실에서 출발할 것을 강조한 그의 태도와 모순되게도, 그의 사회학은 철학적 직관이나 주장에 불과할 뿐 경험적으로 검증될 수 있는 지식은 아니라는 비판이 줄곧 그를 따라다녔다.

'경험적 발견'과 관련된 이러한 이견은 지금까지도 쉽게 해결되기 어려운 성격의 것이다. 말하자면 벡이 보기에 그의 비판자들은 자신의 관점에서는 더 이상 유용하지 않은 관찰범주들에 집착하여 '측정'을 계속한다. 그러나 그와 같은 관찰범주들은 애초부터 그들이 관찰하는 '결과들'을 산출하기 위해서 개발된 것이기 때문에, 그들의 경험연구 결과와 자신의 결과가 일치하지 않는 데는 이상할 것이 없었다. 즉 벡에 의하면 '관찰'은 우선적으로 관찰도구의 문제이다. 관찰도구의 이론적 성격으로부터 관찰결과의 차이가 도래한다.

관찰의 이론적 선험성에 대한 벡의 이와 같은 비판은 전통적 이론모델에 대한 비판뿐만 아니라, 이후 학문과 현실 모두에서 '개념정의'가 핵심적임을 강조하는 태도로도 이어졌다. 이와 같이 경험연구의 결과를 통해서 이론모델의 오류를 증명해야 한다는 벡의 주장은 사실 포퍼의 비판적 합리주의와 크게 다르지 않다. 포퍼와 다른 점은, 애초부터 이론모델에서 출발하지 말아야 함을 강조했다는 것이다. 말하자면 어떤 면에서 벡은 포퍼의 비판적 합리주의보다 오히려 더 '실증주의'의 입장에 가까웠다. 이것은 이후 벡이 주로 경험연구의 결과에 기초해서 비판받았으며, 또한 스스로 '방법론'과 '관점'의 변화를 한층 더 강조하는 입장으로 나아갔다는 사실과 대조를 이룬다.

한편 집합적 불평등과 관련하여 벡은 또 다른 방향에서도 비판을 받았는데, 그것은 위험의 불평등에 관한 것이다. 현실에서 위험의 분배가 벡이 주장하듯이 평등하지 않고, 오히려 재화분배의 불평등과 겹친다는 연구결과들이 발표되었다. 그리하여 벡이 이와 같은 구조적 불평등을 간과하거나 일방적으로 부정했다는 비판이 일어났다. 그러나 벡은 위험 및 재화분배의 '불평등 구조'만으로는 완전히 설명되지 못하는 위험분배의 독특한 양상이 있다는 사실을 강조했다. 이후 벡은 위험분배의 불평등에 대한 지적을 특히 '세계 수준의 분석'일 경우에는 적극적으로 수용했고, 일국적 수준에서도—예컨대 미국의 카트리나 재해와 같은 경우—부정하지 않았다. 그러면서도 벡은 여전히 위험분배의 '평등성' 또는 '민주성'이라는 테제를 포기하지 않았고, 그의 세계시민주의 사회학은 사실상 재화분배와 달리 궁극적으로 평등할 수밖에 없는 위험분배의 독특성이라는 개념으로부터 출발했다.

이 외에도 벡의 세계시민주의 사회학이 새로운 주장이 아니라거나, 또는 벡이 지나치게 '근대성' 패러다임에 집착한다는 등의 다양한 비판이 있었다. 대중적인 학자였던 만큼, 논쟁을 넘어 다양한 비판들까지 불러일으킨 것이다. 그러나 무엇보다도 가장 신랄한 비판의 대상이 되었던 것은 독일 내에서 가장 보수적인 정당이 지배하는 바이에른과 작센 주정부의 미래위원회 활동에 관한 것이었다. 이 과정에서 벡은 '시민노동'이라는 개념을 만들어서 그에 대한 금전적 보상을 주장했는데, 이것이 기든스가 이론적으로 뒷받침한 노동당 개혁이나 이후 슈뢰더의 사회민주당 개혁 프로그램과 다르지 않다는 비판이었다.

이 위원회에서의 활동결과는 『아름답고 새로운 노동세계』로 출판되었는데, 여기서 벡은 국가 관료제의 확대를 통해 노동 통제를 강화하려고 한다고 비판받았다. 이 책에서 벡이 기본소득을 주장한 앙드레 고르를 인용하며 논의를 진행했음에도 불구하고, 나중에 그가 무조건적 기본소득에 찬성의사를 밝혔을 때 미래위원회 시절의 주장을 번복했다고 평가되기도 했다. 그러나 『아름답고 새로운 노동세계』는 시민의 정치참여를 조건으로 기본소득을 주장한 내용으로서, 구체적 정책에 있어서는 페미니즘 논쟁의 대상이었던 '여성의 시간제 고용' 등을 지지하는 등 논란의 소지가 있으나, 큰 틀에서는 기본소득과 배치되는 주장이라고는 보기 어렵다.

벡의 이론이 기성 사회학에 대한 도전으로 출발했음에도 불구하고 비주류나 비판적 진영에서까지 이렇게 비판과 비난의 표적이 되었던 이유는, 무엇보다도 그가 좌·우 어느 쪽과도 스스로를 동일시하지 않는 실용주의적 태도를 견지했기 때문일 것이다. 그러나 그뿐만 아니라, 그가 속한 세대의 특성이나 그의 개인적 성격과도 완전히 무관하지는 않을 것이다. 2차 대전에 참전한 나치군인의 자식이라는 태생과 관련된 실존적 문제는 벡 세대의 독일인에게는 일반적인 삶의 고뇌였다. 이것은 독일 68세대의 특징인 반권위주의 문화의 토대가 되었고, '날카롭고 공격적인 토론과 비판'은 68세대에게 자연스러운 문화적 특징이었다. 대학은 특히 반권위주의의 요람이었는데, 벡 역시 68세대답게 반권위주의적이고 자유주의적인 풍모를 갖추었다.

벡이 뮌헨 대학 사회학연구소장으로 재직할 당시 같은 대학 사회학과 교수로 취임한 아르민 나세이는 루만 연구자임에도 불구하고 벡의 사회학이 정치적으로나 이론적으로 훌륭한 연결고리를 제공한다고 평가한다. 벡의 논의는 사회학계의 논쟁 대상일 뿐만 아니라 언론과 공론장의 쟁점으로도 활발하게 논의되었기 때문에, 정치적 공간에서 훌륭한 자극제 역할을 했다는 것이다. 나세이는 하버마스와 마찬가지로 벡 역시 비판이론의 전통을 새롭게 재편했다고 평가했다. 아도르노·호르크하이머의 '출구 없는 근대성'에 대한 어두운 진단을 벗어나서 정치적·실천적이며 학문적·이론적인 형태로 새롭게 비판적 관점을 제시했다는 것이다.

『체험사회』라는 책으로 독일 사회 불평등 분야의 중요한 연구자로 자리 잡은 게르하르트 슐체 역시 벡이 죽어 가는 제도 학문인 사회학에 생명의 불씨를 피웠다고 높게 평가했다. 사회적 관심에서 멀리 벗어나서 사회학자들끼리 주고받는 암호 같은 개념들로 채워졌던 사회학이 다시금 사회적으로 통용될 만한 것으로 되살아난 것은 누구보다도 벡의 공로라는 것이다.

2

‘위험사회’와 ‘세계위험사회’ 단계의 차이점

『위험사회』는 국제사회학협회가 선정한 '세기의 저서' 19위에 올라 있다. 벡과 동시대를 산 저자의 저작 중에서 그보다 앞 순위인 경우는 부르디외의 『구별짓기』(6위)와 하버마스의 『의사소통행위이론』(8위), 기든스의 『사회구성론』(14위), 월러스틴의 『근대세계체제』(15위)가 있다. 『위험사회』는 이후 『체험사회』, 『피로사회』 등 '… 사회'라는 형식의 책 제목을 유행시킨 발원지가 되기도 했다. 『위험사회』는 독일에서는 개인화 테제를 제출한 책으로 알려져 엄청난 논쟁을 불렀고, 영국에서는 기든스, 래시와 함께 '성찰적 근대성' 이론을 제시한 책으로 받아들여졌다. 미국 등지에서는 '위험'(리스크)이라는 새로운 사회학 개념을 창안한 저서로 읽혔고, 한국에서는 환경사회학 저서로 수용되었다.

『위험사회』는 사실 이 모든 특성을 갖추고 있다. 이 중에서 가장 핵심적인 개념을 꼽으라면 '성찰적 근대성'일 것이다. 그러나 기든스나 래시와 구별하기 위해서 벡 자신이 제안한 대로, 벡의 성찰적 근대성 이론은 특별히 '제2근대성'에 대한 이론이다. 이러한 '작명'이 단순히 타 이론과의 구별 짓기를 위해서나 수사학적 목적을 위해서만 사용되지는 않았다. 벡은 입에 착착 감기는 재미있는 개념들을 만들어 사회학 논의를 쉽게 유통시킨 공로를 인정받아 수사학상을 받은 바 있다. 그러나 그의 재미있는 개념들은 단순히 수사학적 기능뿐만 아니라 이론적으로도 독특한 의미를 갖는 것으로 해석할 수 있다. 그의 톡톡 튀는 표현들이 이론적으로는 어떤 새로운 감각과 연결되어 있는지는 이 책을 다 읽으면 해명될 수 있으리라고 기대한다.

미국 사회학계에서는 특히 익숙하지 않은 에세이 형식에다가 내용 역시 현대사회의 애매함과 변증법적 성격을 강조함에도 불구하고 『위험사회』가 영어권에서도 주목받은 이유는, '위험'이라는 새로운 개념을 과감하게 사용했기 때문이다. 당시까지 '위험'을 사회과학적 개념으로 사용한 사람은 문화인류학자인 메리 더글러스뿐이었다. 더글러스는 '위험'이 객관적 실체가 아니라 문화적 구성물임을 강조했는데, 벡은 여기서 한 발 더 나가서 '새로운 근대성'의 제도적 창발성과 관련되는 핵심 개념으로 '위험'을 사용했다. 그뿐만 아니라 더글러스의 구성주의적 접근법이 문화상대주의로 연결될 수 있음을 경고하면서, 과학과 문화의 관계를 '위험'과 관련된 핵심 문제로 설정했다.

전통적으로 사회학에서 사회의 갈등과 대립은 물질적 재화의 분배, 또는 규범이나 사회심리적 갈등의 두 차원과 관련된 것이었다. 그런데 '위험'의 개념을 사용하면서, 벡은 그때까지 마땅한 언어를 갖지 않았던 새로운 사회적 갈등의 양상에 이름을 붙여 주었다. 말하자면 위험과 과학에 대한 '개념정의'가 새로운 갈등의 원천으로 등장했다는 것이다. 1982년 더글러스는 행정학자인 윌더브스키와 함께 쓴 『환경위험과 문화』에서, 제도 중심적인 주류적 관점에서 출발하여 '위험'의 사회과학적 의미에 대해 설명했다. 거기서 더글러스는 문화적으로 구성된 '위험'과 엄정히 중립적인 '과학'을 대립시켰다. 반면에 벡은 과학 역시 더 이상 중립적이지 않기 때문에 현대사회에서 위험이 새로운 갈등의 원천으로 등장하고 있다고 주장했다.

더글러스가 과학은 객관적인 반면에 '위험'에 대한 사회문화적 개념정의는 상대주의적이라고 구별한 데 비해서, 벡은 과학과 사회문화적 개념정의가 칼로 자르듯이 명백하게 구별될 수 없다는 라투르와 해러웨이의 관점을 수용했다. 이러한 관점은 자기만의 방식으로 '성찰성'을 강조한 부르디외의 과학에 대한 입장과도 구별된다. 부르디외는 과학과 같은 학문의 장에서 정치적 요소를 배제하고 가능한 한 과학 본래의 객관성이 보장되어야 한다고 주장했고, 그러한 내용을 '성찰성'으로 설명했다. 그러나 과학인류학자인 라투르나 페미니스트 과학자인 해러웨이의 설명에 따르면 과학은 본래부터 '객관성'을 본질로 하지 않는다.

벡의 '위험사회' 개념은 이렇게 단순히 '위험이 현대사회의 새로운 갈등요소로 등장했다'는 현상적 관찰에서 그치는 것이 아니라, 물질세계와 과학의 성격에 대한 철학적 질문으로 연결된다. 벡은 과학을 이해하는 관점에서 나타나는 이러한 심오한 변화가 현대사회를 전통적 근대성의 사회제도인 '산업사회'와 구별하는 핵심이라고 보았다. 과학의 대상인 물질세계가 더 이상 완전히 객관적이지 않듯이, 사회세계 역시 근대 이후 사회학에서 설명했던 것처럼 객관적일 수 없다. 과학이 정치적으로 작용하듯이, 사회 역시 정치적 태도에 의해 그 형태가 구별된다. 벡은 현대사회에서 사회에 대한 이해 또는 사회형태가 두 가지로 구별되는데, 그것은 산업사회와 위험사회의 구별이라고 보았다.

과거에 사회학에서 서로 갈등하는 집단은 객관적으로 존재하는 '하나의' 사회 속에서 정치적으로 대립한다고 설명되었다. 그러나 벡은 집단별 대립이 아니라 산업사회와 위험사회라는 두 형태의 '사회'가 대립한다고 설명함으로써, 근대성이 지배하는 사회에 대한 전혀 새로운 관점을 제시했다. 사회는 더 이상 객관적으로 규정되는 실체가 아니라, 그것을 어떻게 정의하느냐에 따라 작동방식이 달라지는 협동체라는 것이다. 이와 같은 관점은 사회를 '필연적' 실체로 보지 않고 역사적으로 출현한 '소통체계'라고 설명한 루만의 이론과도 비교될 수 있다. 어쨌든 이에 따라 벡은 하나의 시대에, 하나의 국경으로 구별되는 지리적 공간 속에서 두 가지 형태의 협동체가 공존하며 갈등한다고 보았다. 그러나 이 둘이 영원히 공존할 수는 없다. 산업사회는 자멸을 향해 작동하는 반면, 위험사회는 '또 다른 근대성'으로의 탈바꿈을 매개하기 때문이다.

벡은 탈바꿈이라는 표현으로 두 가지의 내용을 설명했는데, 하나는 산업사회에서 위험사회로의 탈바꿈이고, 다른 하나는 위험사회에서 '또 다른 근대성' 또는 해방으로의 탈바꿈이다. 다시 말해서 산업사회와 위험사회는 현재 공존하지만, 그것은 한 생명체에 두 몸의 형태가 공존하는 탈바꿈과 같은 공존이다. 산업사회가 쓰는 자멸의 시나리오로 인해서 그것은 점점 더 위험사회로 탈바꿈한다. 위험사회는 위험이 정치적인 핵심 이슈로 등장하는 사회로서, 재난을 통한 파멸의 실재적 위협을 동반한다. 이러한 위협이 광범위한 인구 속에 불안을 야기함으로써, 기성 정치와는 다른 형태의 '정치적인 것'들이 무질서하게 발생한다. 이러한 무질서의 과정은 근대성의 규범이 해체되는 탈근대적 아노미가 아니라 근대성의 개인주의 규범이 한층 더 광범위하게 확대되고 급진적으로 적용되는 과정이다.

새롭게 실험되고 창안되는 '정치적인 것'들은 개인이 '선험적으로' 귀속되는 집단의 정체성이 아니라 개별적인 '개인'의 정체성에 기초한다. '타자'의 범주는 집단적 귀속성에 근거하기 때문에, 이러한 과정은 '타자'범주의 소멸을 수반하고 민주주의를 급진적으로 확대한다. 그러나 개인주의 규범과 민주주의의 급진화는 개인을 사회로부터 고립시키는 것이 아니라, 반대로 새로운 위험공동체의 발현으로 귀결된다. 개인주의 규범과 민주주의 정치이념을 서로를 배제하는 관계가 아니라 오히려 동전의 양면과 같은 관계로 본 것이다. 급진적 민주주의 및 그에 기초한 새로운 시민적 결사형태인 위험공동체에 기초하여 문명의 위험과 '타자'의 범주를 동시에 생산하는 산업사회에 저항하는 것, 이것을 벡은 '해방'의 내용으로 이해했다.

이와 같이 벡이 사용하는 '탈바꿈' 개념은 과거에 사회변화를 설명하기 위해 사용되었던 '이행'이나 '변동'과는 다르다. 그는 사회변화가 어떤 규칙성에 의해 진행되는 것이 아니라, 개별적 행위들에 의해 무질서한 변화가 일어나는 과정에서 새로운 규칙성, 즉 제도가 창출된다고 본다. 기본적으로 이와 같은 과정은 루만이 말하는 사회적 체계의 형성과정과 다르지 않다. 그러나 루만은 산업사회의 발현이 바로 이와 같은 과정의 결과라고 설명한 데 비해서, 벡은 산업사회는 반쪽의 개인화, 반쪽 근대성의 결과일 뿐이라고 보았다. 말하자면 루만이 주장한 기능분화란 반쪽 근대성이 제도화된 형태에 불과하고, 위험사회에 이르러서야 비로소 완전한 개인화에 기초한 탈바꿈이 가능해졌다고 본 것이다. 그러나 많은 경우, 예컨대 사회·문화적 약자들의 경우, 개인화는 오히려 '부담'이나 '강요'의 형태로 작용하기 때문에, 반쪽 근대성을 다시 근대화하는 '성찰적 근대성'이 역사적으로 이미 결정된 궤도는 아니다. 완전한 개인화에 기초한 성찰적 근대성은 유동화하는 집단적 정체성을 다시 고정시켜 '타자' 생산을 인위적으로 지속시키려는 근본주의 세력과의 정치적 대결과정 속에서 성취될 수 있다.

이와 같이 위험사회에 이르러 비로소 완전히 개인화를 가능하게 하는 원동력을, 벡은 칸트 이후의 근대주의자들과 달리 이성적 주체로서의 인간이 아니라 '부작용'으로서의 재난, 즉 '위험'에서 찾았다. 또 마르크스주의자들과도 달리, 벡은 생산 중심의 자본주의 산업사회에서 예컨대 비판이론가들이나 사회주의자들이 꿈꾸었듯이 인간 스스로 주체가 되어 시스템의 모순을 해결할 수 있으리라고 보지 않았다. 이 점에서 과학의 생산물인 '위험'은 경제의 생산물인 마르크스의 '위기' 개념과도 근본적으로 다르다.

이런 점에서 벡은 그것이 계몽적 시민이든 계급 주체든 간에, '주체의 정치'가 아니라 '부작용의 정치'를 주장했다. 산업사회에서 인간은 오히려 '부의 창출'이라는 의도와 '위험생산'이라는 의도하지 않은 결과의 간극을 '재난의 발생'을 통해서만 감지할 수 있는 불완전한 존재일 뿐이다. 이런 점에서 벡은 아도르노·호르크하이머의 『계몽의 변증법』과 크게 다르지 않게 현실에 대해 판단하는 것처럼 보인다. 그러나 벡이 명시적으로 아도르노의 '비관적 전망'을 비판했듯이, 벡은 여기서 멈추지 않고 위험이라는 '비인간'이 발휘하는 정치적 주도권에 의존함으로써 산업사회에 대한 비관적 전망을 오히려 해방에의 비전으로 바꾸었다.

산업사회의 부작용인 위험은 그 위협 속에서 인간과 자연, 부자와 빈자, 남성과 여성, 중심부와 주변부 사이의 사회문화적으로 구성된 '경계'를 없애 버리기 때문에 해방정치의 주도권을 발휘할 수 있다. 문명위험이 총체적 위협을 통해 이미 연대의 전망을 제안한다는 뜻이다. '파멸이냐 연대냐?'의 단순화된 선택 앞에서 비로소 인간은 '성찰적'이 된다. '성찰적'이

된다는 것은 의미의 지평이 변화한다는 것이다. '생산적이고 부유한 우리'라는 의미의 지평에서 '나의 위험, 모두의 위험'으로 '우리'라는 범주가 내파를 일으킨다. 내파의 한 방향은 '나'이고 다른 방향은 '모두'이다. '위험사회' 단계에서는 '나'로 모이는 개인화의 의미지평을 강조했다면, 이후 '세계위험사회' 단계에서 벡은 초국화하고 메타정치화하는 '모두'의 의미지평을 강조했다.

그러나 앞서 이러한 과정이 결정된 궤도가 아니라고 설명했듯이, 새롭게 펼쳐지는 의미의 지평만으로 당장 해방적 내용을 갖는 제도와 그것을 정당화할 새로운 규범까지 형성되지는 않는다. 여기서 과거 신분제 사회로부터 해방을 이끈 '근대성 프로젝트'를 다시 상기할 필요가 있다. '위험사회' 단계에서 벡은 그러한 근대성 프로젝트의 핵심이 개인화를 더 급진화하는 '성찰적' 개인화라고 보았다. 개인화는 산업사회와 위험사회의 '단절' 속에서도 개인주의 규범의 연속성에 의해 정당화될 수 있다. 이후 '세계위험사회' 단계에서 벡은 근대 인권 패러다임의 연장선 상에서 '세계시민주의' 규범이 가능할 것으로 진단했다. 그러나 세계시민주의는 개인화가 '부담'이나 '강요'로 작용할 경우 보호막을 제공해 준 복지국가 형태의 '국민국가' 제도와 대립하는 문제이기 때문에, 개인화만큼 비교적 순조롭게 해결될 수 없다.

말하자면 개인화라는 미시적 방향으로의 탈바꿈과 관련해서는 서구사회에서 이미 개인주의 규범이 국가제도에 의해 기본적으로 보장되기 때문에('제도화된 개인주의'), 그것이 한층 더 급진적으로 확대된다고 해서 '규범적 단절'을 의미하지는 않는다. 이제 계급이나 가족의 유대보다 개인의 관점을 더 강조한다고 해서, 그것이 규범을 위반할 소지는 상대적으로 약하다는 것이다. 물론 산업사회에서 개인주의의 제도화는 핵가족 형태와 계급 교섭을 매개로 개인들을 다시 집합범주로 묶는 과정이었으나, 법적으로는 성별·계급별 차이로부터 중립적인 '개인' 개념을 강조해 왔다.

그러나 세계시민주의라는 시민규범의 초국적 급진화와 관련해서는 이와 같은 규범언어의 일관성을 찾기가 어렵다. 서구사회에서 시민연대의 제도적 성과물은 국민국가인데, 그것은 세계시민주의의 언어로 설명되지 않을 뿐만 아니라 오히려 그것과 대립한다. 근대 초기에 이미 다방면의 세계주의자들에 의해 세계시민주의나 국제주의 등의 개념이 형성되었으나, 국민국가 형성과정에서 그것은 비현실적인 유토피아로 치부될 뿐이었다. 따라서 세계시민주의가 다시 정치적 의제로 등장할 경우, 그것은 가족이나 계급 단위의 폐쇄성과는 비교할 수 없는 국민국가의 폐쇄성과 충돌해야 한다. 이러한 문제점 때문인지, '세계위험사회' 단계에서 벡은 규범적 내용을 갖는 세계시민주의보다는 정치적 갈등지평의 변화를 의미하는 세계시민정치화의 개념을 한층 강조했다. 이제 사회적 의미와 갈등의 지평이 세계시민 수준으로 확대됨으로써, 규범적으로도 영향을 미칠 수밖에 없다고 보았다.

앞서도 보았듯이, 개인화와 세계시민화라는 탈바꿈의 원동력은 '부작용'인 위험이다. 계급과 가족의 응집력으로부터 개인화가 어떻게 가능한지를 설명하기 위해서, 벡은 고전적인 '우리' 개념에 기초한 '사회위험'이 아니라 '나'에 기초한 '생애위험'의 개념을 사용했다. 집단적 결속에 균열을 내는 개인화된 생애위험, 예컨대 구조조정으로 인한 대량 실업이나 직장에서의 경쟁 격화, 여성취업 및 이혼의 확대 등으로 인해서, 개인화가 한층 더 미시적인 방향으로 진행되었다는 것이다.

이와 마찬가지로 국민국가 단위의 연대에 균열을 내는 원동력은 과학기술이 생산하는 거대위험 또는 문명위험이다. 『위험사회』에서 이미 벡은 과학과 산업이 생산한 문명의 위험으로 인해 지구는 하나의 운명공동체로 묶이고 있다고 보았다.

'세계위험사회'의 단계에 오면 벡은 기후변화라는 명백히 지구적인 재앙의 위협을 통해 세계시민적 연대가 가능해질 것이라고 보았다. 그리고 개인화의 경우와 달리, 산업사회에서 '제도화된 세계시민주의' 같은 것은 존재하지 않기 때문에, 여기서 벡은 인식과 방법론의 변화를 한층 강조했다. 『위험사회』에서도 벡은 계급이나 가족과 같은 기존의 사회학적 관찰 범주에 의존하지 말고, 관찰의 초점을 개인으로 이동하라고 요구했다. 그러나 그렇다고 해서 사회학이 방법론적 개인주의를 취해야 한다고는 보지 않았다. 말하자면 개인화와 관련해서는 '…로부터의 탈피'라는 부정적인 의미에서의 해방만을 강조할 수 있었다.

반면에 세계시민주의와 관련해서 벡은 '방법론적 일국주의'로부터의 탈피뿐만 아니라 '방법론적 세계시민주의'의 채택이라는, 인간 행위자의 결단과 의지를 한층 더 강조한다. 물론 앞서도 보았듯이 기후변화의 위험이 행위자들에게 '파멸이냐 연대냐?'의 단순화된 판단을 촉구하고, 벡은 기본적으로 그와 같은 '부작용'의 파괴력에 기대어 '해방적 탈바꿈'의 가능성을 주장했다. 그러나 세계시민주의 방향으로의 '성찰성'은 더 이상 '위험사회' 단계에서의 '성찰성'만큼 '반사적'이지 않다. 『위험사회』에서는 기존의 이론모델에 집착하지 않고 경험적 사실에만 충실하면 시대진단을 더 정확하게 할 수 있었다. 그런 의미에서 벡은 경험연구에서 출발하는 '중범위 이론'을 옹호했다.

그러나 '세계위험사회' 단계에 와서 벡은 사회학의 방법론 패러다임을 바꿀 것을 강조한다. 초국적 현상에 대한 경험적 관찰을 방해하는 일국 중심주의 이론의 힘이 개인화에 대한 관찰을 방해하는 계급이론과 가족이론의 힘보다 훨씬 더 강력하기 때문이다. 이제 경험연구는 그 출발점에서부터 이론적인 방법론의 문제를 제기할 수밖에 없게 되었다. 말하자면 '세계위험사회' 단계에 와서 벡은 이론과 경험연구의 관계에 대해 정면에서 문제를 제기하게 되었다. 이런 의미에서, 예컨대 베커-슈미트의 비판에도 불구하고, 벡은 실증주의를 비판한 비판이론의 전통에 한 걸음 가까이 다가갔다고 볼 수 있을 것이다.

앞서 벡이 말하는 해방은 궁핍으로부터의 해방이 아니라 '타자'범주의 소멸을 의미한다고 설명했다. 벡은 『위험사회』의 서문을 1986년 4월에 썼는데, 그해 4월 26일에 체르노빌 참사가 발생했다. 그리하여 벡은 5월에 서문 앞에 체르노빌 참사에 대한 자신의 소회를 추가하여 『위험사회』를 출판했다. 여기서 벡은 체르노빌과 같은 재앙의 무차별적 효과로 인해서 마침내 '타자'의 범주가 소멸하게 되었다고 썼다. 재화분배를 둘러싼 사회갈등이 정치적 축을 형성한 산업사회에서는 공산주의자, 여성, 유대인 등 다양한 타자의 범주가 생산되었다. 그러나 체르노빌과 같은 재앙 앞에서 모든 인간은 평등한 '개인'일 뿐이기 때문에, 체르노빌에서 폭발한 것은 핵발전소와 과학적 발전에 대한 산업사회의 믿음뿐만 아니라 동시에 인위적인 '타자'의 범주이기도 하다고 말했다. 이런 면에서 재앙은 '해방적 파국'으로 작용할 수 있다는 것이다.

세창사상가산책 | ULRICH BECK

3

위험사회와 제2근대성

사회주의가 자본주의에 대항하는 계급적 기획이었다면, 위험사회는 산업사회에 대항하는 시민적 기획이다. 마르크스와 달리 벡은 근대사회의 정치적 역동성이 자본주의 생산양식에 내재하는 생산력과 생산관계의 모순에서 유래한다고 보지 않고, 근대적 해방의 기획과 제도화된 근대성 간의 모순에 기초한다고 보았다. 이런 점에서 벡은 마르크스가 아니라, 프랑크푸르트 비판이론의 맥을 계승한다고 볼 수 있다.

마르크스주의에 의하면 시민적 해방의 기획은 애초부터 자본주의 계급관계를 정당화하기 위한 정치적, 이데올로기적 상부구조에 지나지 않는다. 그러나 칸트 철학의 영향을 받은 아도르노 · 호르크하이머로 대표되는 독일 비판이론에서는 이성을 촉구하는 근대성의 기획이 해방적 성격을 갖는 데 반해서, 그것이 산업사회에서 제도화된 형태는 과학기술적 합리성과 관료제로 체화된 '도구적 이성'에 불과하다고 보았다. 이렇게 계몽이성이 스스로를 부정하는 '계몽의 변증법'이 진행된 이유를 아도르노와 호르크하이머는 자본주의 사회구조와 그에 조응하는 권위주의적 심리구조에서 찾았다.

자본주의 사회구조로부터 마르크스가 진단한 바와 같은 계급대립이 아니라 오히려 파시즘과 같은 대중적 권위주의 운동이 초래된 이유를 아도르노와 호르크하이머는 근대적 이성의 제도적 불완전성에서 찾았다. 베버의 영향하에 그들은 근대적 이성이 생산을 생활로부터 격리하여 산업화함으로써, 이성을 낭만적 감정으로부터 공간적으로 분리하였다고 보았다. 그러나 이러한 공간적 분리는 오히려 가족이라는 낭만적 '섬'을 '자연적 질서'로 설정하는 모순을 제도화한다. 그리하여 이제 가족 내 사랑의 관계가 산업사회의 계산적인 이익관계에 의해 지탱되어야 하는 것이다. 근대 산업사회의 합리성이 이렇게 사랑이라는 비합리적 정서와 불가분의 관계를 형성한다는 사실에서 아도르노와 호르크하이머는 권위주의의 불가피성을 도출했다.

예컨대 자본가 계급의 경우 사랑이란, 재산 상속이라는 남성 가장의 계산된 목적을 성공적으로 관철시키기 위해 요구되는 맹목적인 감정에 불과하다. 가족은 서로 사랑하는 관계이기 때문에 아내와 자식은 가장의 합리적 계산을 따뜻하게 이해하고 그에 복종함으로써 사랑을 증명해야 한다. 반대로 노동자 계급의 경우에 사랑은, 가장의 계급적 한계로 인해 애초부터 속임수에 불과하다. 가족을 사랑함에도 불구하고 가장은 가족에게 물질적 충족이나 보호를 제공할 수 없다. 이러한 가장의 '무능력'을 사랑이라는 감정으로 인내하고 또 그럼에도 불구하고 가장의 권위를 인정해야 한다는 모순이 권위주의적 심리구조를 초래한다는 것이다.

이와 같이 도구적 이성이 지배하는 산업사회가 맹목적이고 권위주의적인 가족 정서와 결합되어 그를 통해 세대를 이어 유지되기 때문에, 아도르노와 호르크하이머는 근대 산업사회에서 파시즘이 불가피한 구성요소라고 설명했다. 파시즘은 독일 나치즘이나 이탈리아 무솔리니 치하의 시공간에 한정된 현상이 아니라, 가장 자유주의적이라는 미국사회에서조차 불가피한 자본주의의 일반적인 심리현상이라고 그들은 보았다.

독일이 2차 대전에서 패전한 후 미국에 계속 남지 않고 독일로 돌아온 아도르노는 부모세대가 저지른 나치의 죄과를 낱낱이 고발하고 독일사회를 환골탈태하고자 했던 68세대에 의해 뜨거운 환영을 받았다. 68세대는 제도적 가족의 형태를 거부하고 모든 형태의 권위주의에 반대하며, 산업사회의 생산 및 성장 중심주의를 대체할 수 있는 새로운 가치를 추구했다. 그들은 다양한 성과 사랑의 관계를 실험하고, 산업사회에서 '비합리성'으로 치부하여 '탈주술화'하고자 했던 다양한 가치들에 대해 새롭게 사고했다. 그러나 이런 과정은 동시에 서독이 전쟁의 질곡에서 풀려남으로써 산업이 부흥하고 경제가 눈에 띄게 윤택해지며, 성공적으로 서구의 정치경제적 체제에 통합되는 과정이기도 했다. 말하자면 '라인강의 기적'으로 불렸던 이 시기는 경제적 성공뿐만 아니라 사회문화적으로도 매우 풍성한 실험과 성찰이 이루어진 시기였다.

벡은 아도르노의 사상적 영향력 아래서 이렇게 다채로운 성찰과 실험이 이루어진 전후의 평화적 시기를 오히려 '위험사회'라는 개념으로 정리하였다. 그와 같은 평화는 양차 대전의 '과학적 전쟁'과 그것의 파괴적 위협이 만들어 낸 결과였기 때문이다. 그러나 벡이 '위험사회'를 단지 독일의 현상만으로 보지 않고 서구 일반의 현상이라고 설명하듯이, 전후 세대의 이와 같은 실험과 성찰 역시 독일에만 국한된 현상이 아니었다.

잉글하트의 '탈물질주의'라는 개념이 대표하듯, 이와 같은 가치관의 변화는 전후 서구사회에서 일반적으로 나타났다.

전후 서구사회의 이와 같은 문화적 자유로움이 '위험사회' 개념과 결합될 수 있었던 이유는, 앞서 말했듯이 그와 같은 사회적 성찰과 실험들이 2차 대전을 통해 경험한 근대 산업사회의 거대위험에 대한 반응 및 반성으로부터 출발했기 때문이다. 과학화한 산업문명에 힘입어 2차 대전에서는 각종 생화학무기뿐만 아니라 핵무기까지 동원되었고, 산업문명이 어떻게 인류 전체를 한순간에 초토화할 수 있는지를 생생하게 보여 주었다. 게다가 핵무기의 개발과정은 과학의 개념 자체를 변화시켰다. 과학은 자신이 정확히 설명할 수 없는 자연의 성격에 의존하여 자연 자체를 파괴할 수 있는 엄청난 결과물을 '객관적'으로 생산할 수 있게 된 것이다. 즉 과학은 '정확히 알지 못하면서도' 객관적 위험을 생산할 수 있게 되었다.

2차 대전 이후 이렇게 과학문명의 위험성에 대한 감수성이 증가했음을 잘 보여 주는 첫 번째 이론적 연구성과는 앞서도 언급한 바 있는 더글러스·윌더브스키의 『환경위험과 문화』이다. 1983년에 출판된 이 책에서, 저자들은 당시 미국사회에

퍼져 간 '위험의 정치화'가 사실은 과학에 대한 분파적 이해의 결과일 뿐이라고 설득하고자 했다. 이와 유사한 견해가 독일에서 니클라스 루만의 책으로 1986년 출판되었다. 공교롭게도 벡의 『위험사회』가 출판된 해였다. 이와 같이 '위험'에 대한 논의는 2차 대전 이후 일종의 시대정신을 반영한 것이었다.

그러나 벡의 『위험사회』의 내용은 단지 환경위험의 정치화에 대한 논의만으로 국한되지는 않았다. 벡은 위험이 새로운 정치적 이슈로 등장하는 정치사회학적 현상이 사회 불평등 구조의 변화와 맞물리는 문제라고 설명했기 때문이다. 더글러스 역시 위험 이슈의 정치적 영향력 증가가 전문직 중심의 신중간층의 대두와 관련이 있다고 설명한 바 있다. 물질적으로 풍요로운 계층에서 새로운 불안과 도덕의 문제가 강조되었다는 것이다. 그러나 벡은 물질적으로 풍요로운 새 계층의 대두가 아니라, 불평등 구조 전체의 개인화(또는 유동화) 및 그로 인한 '생애위험'의 증가, 즉 '사회위험의 개인화'가 과학 문명위험의 정치화와 관련되는 사회구조적 차원의 문제라고 진단했다.

이것은 '개인화 테제'로 표현되었는데, 한편으로 그것은 오히려 아도르노·호르크하이머가 설명했던 암울한 '계몽의 변증법'이 이제 산업사회와 함께 역사의 뒤안길로 사라지고 있다는 낙관적 견해이기도 했다. 아도르노와 호르크하이머가 권위주의와 파시즘의 주체를 군중화한 '개인'들이라고 보았다면, 벡은 생애위험과 거대 문명위험 앞에서 반사적으로 새로운 삶의 방식과 가치를 실험하는 '한층 더 개인화'한 행위자들에게서 산업사회의 제도를 공동화하는 정치활동을 보았다. 그러나 앞서도 말했듯이, 벡은 이러한 개인들을, 예컨대 아도르노의 『부정변증법』에서처럼 다시 주체로 각성한 사람들로 보기보다는, 위험의 묵시론적 위협 앞에서 오히려 '반사적'으로 행동하는 '불확실성'의 존재들로 보았다. 말하자면 과학조차 자신이 응용하는 물질세계의 성격을 충분히 설명하지 못하는 시대에, 확실하고 객관적인 신념이나 이념은 더 이상 정치적 행위를 주도할 수 없다고 본 것이다.

이런 의미에서, 앞서도 말했듯이 벡은 위험에 대항하는 정치행위에 있어서 '위험'이라는 인간행위의 '부작용'이 갖는 주도성을 강조한다. 저항과 정치는 행위자들의 결단을 통해 표현되지만, 그 결단은 확실하고 절대적인 어떤 지식이나 도덕적·이념적 신념의 결과가 아니라, 오히려 반사적이고 실용주의적인 대응방식일 뿐이라는 것이다. 그러나 벡은 이러한 인간 주체의 불확실성을, 아도르노와 호르크하이머처럼 군중 속에 휩쓸리는 비이성적이고 권위주의적인 존재의 특성으로 설명하지 않는다. 오히려 반대로 그러한 불확실성으로 말미암아 확실성에서 출발하는 '타자'범주 자체가 약화된다고 보았다. 따라서 이질적인 것들과 새로운 친화성을 창출하는 '이도 저도 다' 또는 혼종화의 경향이 형성되고, 이것의 문화적 결과는 권위주의가 아니라 개인주의 규범 및 민주주의의 확대라고 보았다.

정치적 행위의 원동력을 이와 같이 인간 주체가 아니라 인간행위의 '의도하지 않은 결과'에서 찾음에도 불구하고, 벡은 산업사회 이후에 탈근대성이 아니라 '또 다른 근대성'이 제도화될 것으로 기대했다. 또 다른 근대성은 자신이 생산한 불확실성에 기초하여 스스로를 의심하는 근대성이라는 의미에서 '성찰적'이다. 또한 이미 1차적으로 도달한 근대성의 제도들을 해체하며 근대성을 다시 한층 급진적인 형태로 제도화한다는 의미에서 '제2근대성'이다. 이것이 '탈근대성'이 아닌 이유는, 무엇보다도 위험이 더글러스가 설명하는 바와 같이 편파적인 문화적 해석 또는 재주술화의 결과가 아니라 과학에 의해 생산된 '실재'하는 현상이기 때문이다. 대부분의 경우 위험은 단지 가능성으로 존재할 뿐이지만 그렇다고 실재하지 않는 것도 아니다. 위험이 이와 같이 실재하는데도 그것을 경험적으로 관찰할 수 없는 이유는, 그것이 존재하지 않기 때문이 아니라, 그 존재가 자멸의 형태로만 관찰될 수 있기 때문이다. 즉 위험은 발생을 통해서만 확실히 관찰될 수 있다는 의미에서, 그리고 발생 후에는 이미 무차별적인 피해를 입은 후라는 의미에서, 위험의 관찰은 전통적인 사회학적 관찰과는 구별되는 속성을 갖는다.

1
산업사회 대 위험사회

자본주의라는 개념이 마르크스에게 빚을 지고 있다면, 산업사회라는 개념은 베버에게 빚지고 있다. 베버는 자본주의적 양대 계급의 경제적 관계가 여과 없이 그대로 사회적 차원에서도 작용한다고 보지 않았다. 마르크스보다 두 세대 정도 뒤늦은 베버의 시대에 자본주의는 단순히 계급을 '소유 대 무소유'로 양극화하기만 한 것이 아니라, 마르크스주의자들은 '분할지배'라고 표현하고 기능주의자들은 '기능분화'라고 표현한 보다 복잡한 현상 역시 제도화했다. 소유의 대상이 점차 토지에서 산업자본, 금융자본 등으로 분화했을 뿐만 아니라, 자본을 소유하지 못한 계급 역시 육체노동자에서 사무직, 전문직 종사자 등으로 계속 분화했다.

마르크스가 자본의 소유 여부를 사회적 집단을 가르는 핵심 기준으로 제시한 반면, 베버는 소유 문제 외에 사회적 차이를 구조화하는 다른 특성들 역시 존재함을 강조했다. 말하자면 '문화'는 마르크스가 설명하듯이 경제적 현상에 딸려 오는 장신구 같은 것이 아니라, 그 자체의 구성논리를 갖는 사회현상이라고 보았다. 집단들 간의 사회·정치적 정체성의 차이를 설명하는 기준으로 베버는 무엇보다 노동시장에서 세분화된 지위와 생활양식의 차이를 들었다. 예컨대 당시 사무직 종사자들은 젊은 미혼여성들이 많았고, 남성 가장을 중심으로 식구를 부양해야 하는 육체노동자들과는 이질적인 생활양식을 보였다. 또한 의사와 같은 전문직 종사자들은 자본가가 아님에도 불구하고 자본가들과 유사하게 사교생활을 즐겼다.

이와 같이 직업집단이 세분화하며 일정하게 문화다원주의와 같은 양상이 펼쳐지면서, 베버는 근대사회를 더 이상 정치경제적 양극화를 강조하는 자본주의가 아니라, 계급분화에 기초한 산업사회로 설명했다. 이와 같이 정치경제 차원으로부터 독립적인 '사회적' 차원이 존재한다고 설명했기 때문에, 베버는 마르크스와 달리 누구에게나 '사회학자'로 인식되었다. 그러나 이처럼 한편으로는 '사회적 차원'이 정치경제적 차원으로부터 분화하고, 다른 한편으로는 사회 내부에서도 집단적·문화적으로 일정한 분화가 진행되는 현상의 기저에서, 자본주의의 정치경제적 논리가 작동한다는 사실을 베버는 부정하지 않았다. 이것이 마르크스와 베버의 근대성 이해를 연결해 주는 지점이다.

결국 '산업사회' 개념은 베버를 경유하여 마르크스의 자본주의 개념으로까지 연결되는데, 베버와 관련해서는 사회분화를, 마르크스와 관련해서는 물질생산 중심의 사회구조를 의미한다고 볼 수 있다. 그러나 현대 사회학에서 '산업사회' 개념을 유포한 공헌은 기능주의자인 파슨스에게 돌릴 수 있을 것이다. 파슨스는 마르크스를 전혀 수용하지 않았으나, 그의 관점에서도 산업사회는 산업적 생산방식을 통해 생존의 기회를 증대하는 사회를 의미했다. 말하자면 산업사회란 생활영역으로부터 산업이 분화함으로써 물질생산을 증대하고, 그 부를 다시 산업에 투자할 뿐만 아니라 생활영역에서도 소비하며, 그와 같은 방식으로 산업과 생활의 영역을 다시 유기적으로 연결하는 사회를 의미한다.

베버는 산업사회의 종착점이 관료제에 의해 지배되어 주체가 사라지는 세계가 될 것이라고 암울하게 진단했으나, 파슨스를 중심으로 형성된 주류 사회학의 기능주의에서 산업사회는 생산도 과학적으로 운용되고 사회체계 역시 합리적으로 분화하는 사회로 이해되었다. 즉 기능주의에서 산업사회는 '합리성'을 체화한 사회진화의 최종형태로 이해되었다. 반대로 베버의 회의주의를 수용한 프랑크푸르트학파의 비판이론에서는, 근대성이 결국 도구적 이성의 지배를 받게 되었다고 우려했다. 즉 비판이론에서 산업사회의 합리성은 생산을 증대하는 도구적 성격으로서만 또는 과학기술의 측면에서만 합리적일 뿐, '주체'의 관점에서는 전혀 합리적이지 않다고 본 것이다. 비판이론에서 합리성이란 단순히 잘 먹고 잘 살고 과학적으로 생활하는 것이 아니라, 개인들이 도덕적·정치적으로 합리적인 주체가 되는 것을 의미했다.

벡은 산업사회에 대한 위의 두 대립되는 입장과 관련해서는 프랑크푸르트학파가 아니라 오히려 파슨스의 손을 들어 주었다. 산업사회는 관료제의 전면적 지배나 개인의 소외로 귀결되지 않고, 오히려 계층상승('승강기 효과')과 민주주의를 생활의 영역으로까지 확장하는 결과를 가져왔다고 판단한 것이다. 이것을 그는 '근대성의 승리'라고 표현했다. 즉 산업사회가 단순히 도구적으로만 작용한 것이 아니라 부를 확산시키면서 동시에 문화 차원에서의 변화 역시 이끌었다고 보았다. 그리하여 단순히 먹고사는 데 집착하는 물질주의에서 탈피하여, 생명이나 공존과 같은 탈물질적인 가치에 대해 발언하는 시민들이 증가했다는 것이다.

그러나 산업사회가 이룩한 '근대성의 승리'가 산업사회 자체의 지속 가능성을 위협한다는 사실을 강조함으로써, 벡은 기능주의와 결별한다. '승리는 곧 지속 불가능성'이라는 역설을 그는 '부작용'이라는 말로 표현했다. 산업사회가 부를 증대하는 데 성공하여 사람들을 생존의 압박으로부터 해방시켰으나, 산업사회의 생산방식으로 인해 삶 자체가 위험해졌기 때문에 문제는 해결되지 않았다. 루만도 인정했듯이, 기능분화 체계는 현대사회의 생태위험을 해결할 수 없도록 구성되어 있기 때문이다.

벡은 산업사회가 생산하는 위험을 '개인의 삶' 속에서 개별적으로 감지하는 시민들의 출현으로부터, 산업사회와는 다른 형태의 사회가 형성되고 있음을 내다보았다. 이러한 '개인화'의 과정을 통해 벡은 앞서 설명했듯이 근대성이 '탈바꿈'한다고 설명했고, 그 결과 산업사회와 대립하는 위험사회가 형성되고 있다고 표현했다. 즉 위험사회의 형성은 근대성이 탈바꿈하는 과정으로서 여전히 근대성의 현상이다. 벡은 산업사회를 비판하기 위해서 근대성의 개념마저 버려야 한다면, 그것은 목욕물을 버리면서 아이까지 함께 버리는 것과 다를 바 없다고 보았다. 이런 의미에서 벡은 근대성과의 단절보다는 근대성 속에서 여전히 주체의 문제를 고민했던 프랑크푸르트

학파와 상당히 가까운 위치에 있다고 볼 수 있다.

여기서 중요한 것은 근대성이 산업사회의 형태로부터 과연 풀려날 수 있는 것이냐는 문제이다. 이와 관련해서 근대성을 두 가지 차원으로 분리할 수 있다. 하나는 근대성을 산업사회나 위험사회와 같이 '제도' 수준의 현상으로 이해하는 것이다. 이것은 전통적으로 근대성에 대한 사회학적 접근방식이었다. 다른 하나는 근대성을 기획으로, 즉 그 이념적 형태로 이해하는 것이다. 이것은 근대성의 '자기이해'로서, 제도화로 완전히 소진되지 않는 '공론'의 형태를 의미한다. 사회학에서는 전통적으로 제도화로 연결되지 않는 공론은 사회적으로 의미가 없다고 보았다. 그것은 형이상학적 상상일 뿐, 사회적 사실로서 관찰될 수 없기 때문이다.

예컨대 루만은 제도화된 형태로서의 '기능분화'만이 근대성의 '자기이해'로서 의미가 있다고 보았다. 그러나 벡은 뒤르켐 시대에 아직 '기능분화'가 기껏해야 징후의 수준에서만 관찰될 때 이미 사회학이 출현했다는 사실을 강조함으로써, 간접적으로 근대성의 두 차원을 대비시켰다. 기능주의에서처럼 충분히 발현한 결과만을 경험적 관찰의 대상으로 설정할 경우, 사회학은 애초부터 불가능했을지도 모른다. 그뿐만 아니라, 뒤르켐과 베버와 같은 초기 사회학자들은 징후로서만 관찰되는 현실에 개념적으로 대응함으로써 사회변화의 과정에 적극적으로 개입하고자 했다. 그것이, 베버가 의도적으로 구별했듯이 사회학자가 아니라 사회정책가로서의 정체성을 기반으로 해야만 한다고 해도, 사회학이 현실개입을 위한 이론적 도구를 제공하는 것은 사실이다. 말하자면 근대성의 '자기이해'는 여러 관점들이 경합하는 것으로서, 제도화를 통해 완전히 소진되지 않는다.

벡은 근대성을 제도와 기획으로 명확하게 구별하지는 않았다. 또 아도르노·호르크하이머와는 달리 벡은 '과학적 태도'가 근대적 해방의 핵심이라고 보았다. 칸트의 분류를 차용하여 애초부터 과학을 도구적 이성의 영역으로만 본 아도르노·호르크하이머와는 분명히 구별되는 입장이다. 그러나 벡은 과학을 제도화된 과학과 동일시하지 않았다. 말하자면 과학을 제도와 기획의 두 차원으로 구별한 셈이다. 벡은 현대사회에서 제도화된 과학이 더 이상 과학적이지 않고 오히려 정치적 작용을 수행하기 때문에 과학을 비판했다. 이것은 엄정히 중립적인 과학과 문화적으로 구성된 위험을 대립시킨 더글러스와 정반대되는 입장이다. 벡은 과학이 산업사회에 맞게 구성되는 데 반해서 오히려 위험은 실재한다고 설명했다.

어쨌든 벡은 아도르노·호르크하이머와 달리 과학을 근대성의 핵심으로 보았으나, 그들과 마찬가지로 근대성을 산업사회와 동일한 것으로 보지 않았다. 벡 역시 근대성을 제도와 기획의 두 차원으로 구별해서 보았다고 말할 수 있다. 근대성을 이렇게 제도뿐만 아니라 기획 또는 공론으로도 볼 경우, 산업사회라는 제도화된 형태는 역사 속에서 우발적으로 형성된 결과일 뿐이다. 루만은 전통적 기능주의에서와 달리 근현대 기능분화 사회가 역사적 필연이라고 설명하지 않는다는 점에서 이와 사뭇 유사한 태도를 보였다. 그러나 그는 근대성과 관련하여 기능분화와 구별되는 다른 형태의 '진화'가 불가능하다고 판단했다는 점에서 벡이나 프랑크푸르트 비판이론가들과는 다르다.

벡은 기능주의와 달리, 산업사회 형태 속에서 근대성의 사회진화 가능성이 소진된다고 보지 않았다는 점에서 아도르노·호르크하이머와 유사한 태도를 보였다. 말하자면 산업사회는 근대성의 기획이 제도화될 수 있는 가능성들 중에서 실제로 현실화된 형태일 뿐이다. 산업사회의 형태가 현실화하는 과정이 루만이 말하듯이 우발적인 과정이라고 하더라도, 거기에는 여러 가지 역사적·사회구조적 요인들이 작용했을 수밖에 없다. 그러한 요인들 중에서 벡은 특히 반근대적 세력과 근대적 세력 간의 정치적 대결을 가장 핵심적인 것으로 보았다. 즉 근대성이 일정한 형태로 제도화하는 데에는 정치적 형세가 가장 중요하다고 본 것이다. 따라서 현대 위험사회에서처럼 정치적 형세가 근본적으로 변화할 경우, 다른 형태의 근대성이 제도화될 수 있다고 보았다. 현대 위험사회에서 정치적 지형변화의 핵심을 벡은 근대성이 급진화하는 것이라고 보았고, 그것은 다름이 아니라 한층 급진적으로 진행되는 '개인화'이다. 그리고 궁극적으로 이러한 급진화를 추진하는 원동력은 산업사회가 '부작용'의 형태로 생산한 위험들, 즉 거대문명위험과 미시적인 생애위험이다.

기본적으로 산업사회는 자연과 노동의 착취에 기초하는데, 현대사회에서는 산업사회의 더 많은 합리화와 과학화로 인해서 자연과 노동이 급격하게 파괴되거나 또는 위험으로 탈바꿈하고 있다. 현대 과학의 발전으로 물질세계는 더 이상 '자연'에 속하지 않고 인간이 창조하는 세계에 속하게 되었으며 사회와 생태계를 모두 위협하는 지경에 이르렀다. 그러나 인간은 그 결과를 예측할 수 없고, 그것을 총체적으로 설명하지도 못한다. 마찬가지로, 현대 산업기술의 발전으로 노동력의 공급을 전부에 가깝게 흡수하는 완전고용의 노동사회 역시 불가능해지고 있다. 사회 속에서 인간 정체성의 본질은 '노동'이라는 산업사회의 전제 자체가 위협받게 된 것이다. 그런데 핵심적인 것은, 이러한 결과가 산업사회 자체의 발전에 의해 초래되었다는 것이다. 결국 산업사회 자체의 동력에 의해서, 생태계와 생물체로서 인간의 삶뿐만 아니라 노동세계 역시 안전을 보장받지 못하며 총체적인 카오스 상태로 변화하고 있다. 말하자면 벡은 루만과 달리 기능분화 및 그에 기초한 산업사회 형태가 임계점에 도달했다고 판단한 것이다.

'위험사회'라는 표현은 산업사회가 만들어 내는 이와 같은 카오스의 상태를 의미한다. 부작용의 생산이 기능적인 재화의 생산이라는 산업사회의 '의도'를 압도하는 사회가 된 것이다. 결과가 '의도'와 체계적으로 유리되기 때문에 산업사회는 더 이상 합리적이거나 과학에 근거하는 사회라고 볼 수 없다. 이와 같이 과학이라는 근대성의 핵심이 산업사회 형태 속에서 '주술화'하고 있다면, 개인들에게 사회적 질서를 부여하는 산업사회적 연대의 형태들 역시 정당성을 상실하고 있다. 제도과학 이외에 『위험사회』에서 그 정당성을 위협받는 산업사회의 기본 제도로서 벡은 핵가족과 계급관계, 그리고 간접민주주의 정치를 꼽았다. 그리고 넓게 보아, 이처럼 기본 제도들이 그 정당성을 위협받는 과정을 '개인화'라고 이해할 수 있다. 말하자면 개인화는 산업사회의 기본 제도들이 유동화하는 것을 의미한다.

그러나 보다 엄격히 말하면, '개인화'는 가족과 계급관계의 유동화를 설명하는 것으로 제한된다. 과학과 정치의 문제는 '하위정치' 또는 '정치적인 것'의 개념을 통해 설명되기 때문이다. 위험사회에서는 가족이 과거의 제도적 규정을 탈피하는 현상이 나타나며, 그에 따라 가족과 사랑의 관계 자체를 재정의하는 사회적 과정이 동반된다. 계급에 기초한 집단적 관계 역시 무엇보다도 복지국가의 '사회권' 개념에 기초하여 개인화하는 경향을 보인다. 개인이 사사건건 계급이라는 매개집단에 의존하지 않고 직접 국가에 자신의 권리 실현을 청구할 수 있게 되었기 때문이다. 사회학에서 이와 같은 현상은 '고객주의'라고 불렀다. 개인들이 직접 국가복지 서비스의 고객이 되어, 서비스를 소비하는 입장이 된 것이다. 이러한 '개인화' 추세와 함께, 과학이 더 이상 과학이 아니라 정치가 되고, 반대로 제도정치는 과학이 만들어 내는 위험에 전혀 정치적으로 대응하지 않음으로써, 민주주의의 정치제도가 신뢰와 정당성을 상실하는 공동화 현상을 겪는다. 이로 인해서 화급한 정치적 이슈가, 제도 수준이 아니라 오히려 미시적인 개인의 삶 속에서 제기되고 또 다루어지는 '사회문화적 하위정치'가 출현한다. 반대로 기업과 과학이 더 이상 경제와 학문의 기능적 경계 안에 안주하지 않고 정치화하는 '경제와 과학의 하위정치' 역시 일상적인 현상이 된다.

벡은 위험사회가 생산하는 위험이 묵시론적인 위협을 가하지만, 산업사회가 결국 묵시론의 세계로 귀결되지는 않을 것이라고 보았다. 묵시론적 위협이 인간의 '실용주의적' 이성을 일깨울 수 있다고 보았기 때문이다. 이에 대한 근거는 매우 간단하다. 그렇지 않을 경우 종말을 맞게 될 것이기 때문이다. 벡은 이와 같은 실용주의적 판단이 모든 사회구성원에게

고루 나타나리라고 보지는 않았겠지만, 계급이나 성별 또는 국가 등 집합적인 불평등의 경계에 의해서 크게 영향을 받을 것이라고 보지도 않았다. 묵시론적 위협은 그러한 불평등의 경계에서 멈추지 않기 때문이다. 이와 같은 판단은 이후 세계시민주의 사회학의 토대가 되고, 재앙이 해방으로 탈바꿈한다는 주장의 원천이 된다.

개인화와 관련해서도 벡은 그것이 '해방 아니면 위험' 중 하나라는 일면적 과정으로 보지 않았다. 개인화는 위험에 대한 개인화된 인식 및 대응방식을 의미하고 기본적으로 산업사회 제도의 무능력과 무책임에 의해 강요된 결과이기 때문에, 위험과 관련되어 있다. 그러나 동시에 개인화는 '우리'와 '타자'를 나누는 집합적 정체성을 약화하고, 모든 사람을 '개인'으로 이해하는 비교지평의 평등화를 야기하기 때문에 해방적이다. 이제 과거와 같이 고정된 집합적 정체성을 '당연하다'고 본다면, 그러한 태도는 점점 더 정당화되기 어려워진다. 그러나 무엇보다도 개인화가 해방적일 수 있는 이유는, 그것이 보다 민주적인 형태의 위험공동체를 출현시키기 때문이다. 예컨대 풀뿌리 사회운동의 형태를 보이는 서구의 신사회운동을 통해 위험공동체라는 새로운 형태의 정치적 결사체를 관찰할 수 있다. 신사회운동은 개인의 위험인식 또는 주관적 가치가 사회제도에 의해 억압받고 있다는 반권위주의 정서에 의해 추동된 것으로, 그 주체나 이슈, 조직방식이 산업사회의 계급범주에 의해 설명되지 않는다.

그런데 문제는 신사회운동이 부의 확산 및 복지제도라는 산업위험의 보호장치를 매개로 출현한 현상이라는 것이다. 따라서 부가 축소되고 산업위험이 증가하면 신사회운동 역시 타격을 받을 수밖에 없을 것이다. 말하자면 '생애위험'이 증가할 때 그것을 개인화, 즉 라이프스타일과 가치관의 변화를 통해 해결하고, 느슨한 위험공동체의 연대관계를 형성하는 방식은 적절한 복지제도의 뒷받침 없이는 불가능하다. 개인화의 해방적 작용은 복지제도에 의존한다고 볼 수 있는 것이다. 복지제도와 관련하여 벡은 과거의 완전고용모델을 회복하려는 '복고적' 방향은 불가능하다고 보았다. 1995년 제러미 리프킨이 출판한 『노동의 종말』 테제를 벡은 『위험사회』에서 이미 현실로 수용했다. 기술합리화와 자동화 —그리고 이후에는 세계화— 등으로 정규노동이 점차 불필요하게 되기 때문에,

노동을 새롭게 정의하여 "아름답고 새로운 노동세계"를 기획하지 않는 한 노동에 근거한 복지제도는 불가능하다고 보았다. 벡은 이것을 '정치노동' 또는 '문화노동'에 기초한 조건부 기본소득의 형태로 주장했다.

벡은 위험사회에서 생애위험이나 거대 문명위험과 관련하여 보다 개인화된 정치행태가 나타나는 양상뿐만 아니라, 다양한 이유에서 계급과 계층을 뛰어넘는 시민적 연대가 나타날 수 있다고 보았다. 이것은, 기능분화 체계는 생태위협에 대응할 수 없다고 설명한 루만에 대한 반박이기도 했다. 예컨대 루만은 경제체계가 이익을 목적으로 하므로 생태위협을 경제의 문제로 수용할 수 없다고 설명한 반면, 벡은 이익을 목적으로 유기농과 같은 새로운 분야의 시장이 끊임없이 창출된다고 강조했다. 정치제도 역시 권력이 목적이므로 오히려 권력획득을 위해 생태 문제를 이슈로 삼을 수 있다고 해석했다. 다만 그러한 과정을 통해 산업사회가 생명을 연장한다는 것이 아니라, 오히려 카오스를 증폭하여 위험사회로의 탈바꿈을 재촉한다는 설명이다.

『위험사회』에서 벡이 제기한 중심 질문은 이후까지 그의 연구를 관통하는 것으로서, '카오스적인 위험사회에서 어떻게 새로운 정치공동체, 새로운 시민연대의 형태가 나타나는가?'이다. 이 단계에서는 문제제기는 지구적이었으되, 그에 대한 관찰결과는 아직 일국적 수준의 것이었다. 즉 위험사회는 기본적으로 지구적 규모의 현상이라는 사실을 강조했으므로, 기든스가 지적하듯이 벡은 이미 『위험사회』에서 세계화에 대한 문제를 제기한 셈이다. 그러나 그가 경험적으로 발견하여 제시한 해답은 각각의 국가 단위에서 활동하는 신사회운동이었기 때문에, 자신이 제기한 질문에 대한 답변은 일국적 수준을 뛰어넘지 못했다. 이후 벡은 이에 대해 자신이 여전히 방법론적 일국주의에서 탈피하지 못한 상태였다고 스스로 비판했다.

2
계급론·계층론 대 개인화 테제

사회학은 오랫동안 사회구조를 연구하는 학문으로 인식되

었고, 사회구조는 무엇보다도 불평등의 구조를 의미했다. 물론 기능주의 사회학에서 사회구조란 다렌도르프가 설명했듯이 역할구조를 의미하기도 한다. 그런데 역할범주가 산업사회의 핵심인 직업구조나 노동시장 구조와 만나면 그것은 곧 불평등의 내용이 된다. 예컨대 관리감독 대 노동수행, 정신노동 대 육체노동, 숙련 정도 등에 따른 역할분화는 계급·계층의 지위와 밀접히 연관되어 지배와 권력의 문제를 야기한다.

계급론은 대표적으로 마르크스와 베버의 이론 전통에 따라 구별되었다. 마르크스는 근대사회의 본질이 자본주의라고 보았는데, 자본주의의 속성상 계급 격차는 과거의 어떤 사회와도 달리 본래적으로 '세습'에 의해 결정되지는 않는다. 말하자면 마르크스 역시 일종의 '불평등의 세속화' 현상에서 출발하여 자본주의 계급관계의 독특성을 설명했는데, 그것은 계급지배가 더 이상 경제외적 현상—종교나 출신성분, 무력 등 정치력의 사용 등—에 의해 정당화될 필요가 없어졌음을 의미한다.

자본가 계급의 지배는 무엇보다도 근대적 노동윤리와 시장에서의 능력에 의해 정당화된다. 그러나 일단 산업자본이 축적되면, 그것은 확대 재생산의 논리에 예속되어 다시 세습되는 경로를 취한다. 여기서 자본 세습의 매개체는 근대적 핵가족인데, 그것은 혈연관계가 신분적 위계관계에서 풀려나 개인 남성의 '자연적인' 생활 단위로 재배치된 것으로 이해되었다. 말하자면 근대적 핵가족이란 자본 세습을 위해서 자본가 계급에 의해 변형된 전통적 요소이다. 무산자의 계급지위 역시 일차적으로 시장에서 결정되지만, 그들이 자녀를 가져 가족을 형성할 경우 세습된다.

이렇게 마르크스의 계급론에서 불평등의 문제는 시장과 가족이라는 두 제도영역을 포괄한다. 일정한 시점의 사회를 단면으로 잘라 그 순간의 관점에서 계급 격차의 문제를 다룰 경우 그것은 순전히 경제적인 문제로 이해되었다. 반면에 세대간 연결이라는 '시간'의 요소를 도입할 경우, 시장관계 외에 가족관계 역시 중요한 제도적 요인으로 등장한다. 그럼에도 불구하고 마르크스는 경제유물론자였으며, 계급대립에 대한 이론적 설명을 수행할 때 가족영역에 대해서는 함구했다. 말하자면 마르크스는 가족이 '자연'의 영역이라는 시민계급의 이데올로기를 상당 부분 공유했다.

이와 달리 베버의 '산업사회' 개념은 시장과 가족영역의 분화로부터 출발했다. '자본주의' 개념이 사회에 대한 자본의 전일적 지배—즉 경제적·정치적·문화적 지배—를 표현한다면, 산업사회는 산업관계가 가족관계와 같은 삶의 영역으로부터 공간적·제도적으로 분리되어 생산영역에서 그와 같은 비합리적 요소를 배제했음을 의미한다. 잘 알려진 대로, 베버는 '세속화'라는 표현을 명시적으로 사용했다. 노동과 부의 생산은 종교적 구원을 세속적으로 표현하는 방식으로 이해되었다. 그리하여 산업사회란 생산 증대를 위해 '합리적'으로 사회의 각 영역들이 분화된 사회를 의미한다.

그 결과 가족의 생활은 다시 산업관계의 영향력 아래에 놓이지만, 산업관계에 의해 완전히 결정되지는 않는다. 말하자면 가족 단위의 생활양식은 노동시장에서 결정되는 계급적 지위와는 구별되는 생활세계의 표현이다. 베버는 계급분화에서 생활양식의 차이 역시 고려해야 한다고 보았다. 마르크스가 경제적으로 결정되는 '계급' 개념에 근거해서 '사회구조' 또는 '불평등'을 일원론적으로 설명했다면, 베버는 다차원적인 '사회적' 현상으로서 불평등을 설명하기 위해서는 생활영역과 결합된 '사회계급'의 개념이 중요하다고 보았다.

그러나 베버를 계승한 계급론에서도 '생활양식'의 문제는 쉽사리 포괄하기 어려운 문제였다. 예컨대 베버에 기초한 대표적 계급론자인 영국의 골드소프는 계급을 노동시장의 직업적 분화의 문제로만 규정한다. 마르크스주의 계급론과 마찬가지로, 이 경우에도 직업지위가 계급의식이나 정치성향, 생활문화에 결정적인 영향력을 갖는다고 본 것이다.

사회의 다변적 불평등에 대한 베버의 논의는 기능주의 계층론자들에게도 계승되었다. 계급론과 달리 계층론에서는 생산과 소비의 영역 등 사회의 수평적·기능적 분화를 이론적 출발점으로 삼았다. 그리하여 계층론에서는 직업지위를 단순히 노동의 성격이나 소득의 측면에서만 규정하지 않고 직업에 대한 사회적 평가, 즉 직업위신의 개념으로 이해했다. '직업위신'이란 직업과 관련된 생활양식의 특성이 포함된 개념이다. 계층론에서는 직업지위 이외의 다변화된 요소들—예컨대 소득, 재산, 교육 수준 등—에 의해서 불평등의 사회구조를 보다 다층적으로 설정했다. 그리하여 계층론에서는 마르크스 또는 베버 계통의 계급론에서 공유하는 전제, 즉 생산과정의 분업구조로부터 유래하는 권력과 지배의 문제는 사라지고, 각종 재화의 불평등한 분배가 불평등 구조의 핵심적 문제로 인식되었다.

소득과 교육 수준은 계급론에서도 고려되지만 계층론에서처럼 별개의 독립적인 변수들로 인식되지 않고, 노동시장의 지위와 강한 상관관계를 갖는 매개적 성격을 가진 것으로 설명된다. 반면에 직업위신이나 소비 수준, 생활양식의 문제는 구조적 관점보다는 행위론적 관점에서 계급 격차를 설명할 때 고려되었다. 예컨대 계급 형성론으로 유명한 마르크스주의자 E. P. 톰슨은 계급 정체성이라는 사회적 차원의 요소가 계급 형성에서 매우 핵심적 역할을 한다는 연구를 발표해서 명망을 얻었다. 베버주의자 파킨 역시 계급 형성에서 사회적 폐쇄의 문제가 핵심적이라고 설명했다. 그러나 이들은 계급구조보다는 계급 형성의 문제를 다루기 때문에 통상적으로 '계급론' 속에 포괄되지 않는 경향이 있다.

가족 단위의 소비나 생활 수준이 아니라 세습의 통로가 되는 가족의 역할을 불평등의 제도로 지적한 사회학자는 오히려 기능주의의 원조인 파슨스이다. 파슨스는 근대사회에서 불평등이 직업세계에서의 성취를 통해서뿐만 아니라 가족관계라는 신분적 형태를 통해서도 이루어진다고 지적한 바 있다. 즉 파슨스에 의하면, 근대사회에서 불평등은 직업이라는 근대적 제도에 의해 일괄적으로 구조화되는 것이 아니라, 가족이라는 신분제도에 의해서도 영향을 받는다. 불평등의 구조에는 근대적 성취구조뿐만 아니라 전통적 귀속관계 역시 개입되어 있는 것이다.

근대사회에서 가족관계는 신분적 결합이 아니라 낭만적 사랑에서 유래한다고 이해되기 때문에, 원칙적으로 결혼은 계층 이동의 통로가 될 수 있다. 그러나 일반적으로 계급론·계층론에서는 경험연구에 근거하여 계급·계층 동질혼이 일반적이라고 보고, 결혼을 통한 계급·계층 이동의 문제는 중요하게 다루지 않았다. 또한 1970년대 이전까지는 여성의 경제활동을 예외적이거나 비정상적인 현상으로 보았기 때문에, 여성의 계급·계층적 지위는 남편의 지위에 연동하는 것으로 보았다. 말하자면 가족 내 사회적 지위의 격차나 혼인관계 및 그 변동에 의한 지위변동의 문제는 기존의 계급론·계층론에서는 전혀 다루어지지 않았다.

벡은 개인화 테제를 통해서 불평등 구조에서 직업과 가족이 모두 중요한 역할을 한다는 사실을 다시금 상기시켰다. 파슨스 이외에, 가족이 불평등에서 중요한 축을 담당한다는 사실을 지적한 경우로 프랑크푸르트학파와 페미니즘을 들 수 있다. 아도르노·호르크하이머는 산업합리성과 낭만화된 가족이 결합한 결과 자본주의 사회에서 권위주의적 사회성격이 형성되고, 그 과정에서 여성이 가족 내에서 억압적 지위를 부여받는다고 설명했다. 페미니즘에서는 근대사회에서 가족관계가 여전히 가부장적이므로, 가족 내에서 여성과 남성의 지위는 같을 수 없다고 비판했다.

개인화 테제를 통해서 벡은 파슨스와 프랑크푸르트학파, 페미니즘의 관점을 절충한 것으로 보인다. 그리하여 가족관계가 불안정해지고 개인화하면서 여성이 준신분제적인 성역할로부터 해방되는 효과가 나타나는 동시에, 빈곤의 여성화와 같은 새로운 불평등의 위험 역시 증가한다고 보았다. 벡은 특히 가족관계의 개인화가 남성과 여성에게 상반되는 의미를 갖기 때문에, 위험사회에서 불평등 구조의 변화라는 문제가 계급·계층론과 같은 거시적 수준의 문제가 아니라 남녀 간의 미시적 충돌이라는 형태로 표면화되고 있다고 설명했다.

말하자면 벡은 남녀 간 역할갈등의 증가라는 미시적인 경험적 현상으로부터, 고정된 성역할에 기초한 근대적 가족제도가 불안정해지고 있으며 그것이 계급·계층 구조의 불안정화와 연동되고 있다는 이론적 진단에 도달했다. 파슨스가 불평등과 유관하다고 본 두 가지 제도적 영역이 모두 불안정해짐으로써, 기능주의자들이 '구조적 연동'과 같은 개념으로 설명했던 산업사회의 기본 제도가 위협받고 있다는 것이다. 베버에 의하면 산업과 가족의 분리가 산업사회의 출발점이었는데, 이제 두 영역 및 두 영역이 서로 연동하는 방식, 또 연동의 결과가 변화하기 때문에 산업사회는 다른 형태의 사회와 공존하게 되었다는 것이다. 그리고 이와 같은 과정을 앞서도 보았듯이, 탈바꿈이라고 설명했다.

산업과 가족의 제도들을 변화시킴으로써 불평등의 사회구조를 변화시키는 기본적 동력을 벡은 『위험사회』에서 '노동시장 개인주의'로 설명한다. 이것은 1990년대 이후 빠른 속도로 진행되는 신자유주의 노동유연화의 '세계화 이전' 시기의 형태라고 할 수 있다. 노동시장 개인주의는 노동시장의 합리성이 급진화된 형태이자 동시에 서구사회의 개인주의 규범이 급진화된 형태이다. 산업구조의 변화를 통해 더 많은 이윤을 창출하려는 경제 부문의 요구와 민주주의의 확대와 삶의 질을 중시하는 사회적 요구가 서로 불균등한 속도로 관철되면서, 개인주의 규범의 급진화가 직업세계에서의 경쟁 격화와 남녀 간의 역할 충돌이라는 미시적 갈등의 문제로 표현되었다는 것이다.

다렌도르프가 '갈등이론'이라는 형태로 설명했듯이, 2차 대전 이후에 계급갈등은 제도화되어 단체협상이 제도화되고 복지국가가 법제화되었다. 산업사회의 형태를 취한 근대성은 이와 같이 규범적 합의뿐만 아니라 갈등 역시 제도화하는 형태로 완성되었다. 그런데 여성의 노동시장 진입으로 점점 더 쟁점이 되고 있던 성역할의 문제는 단체협상이나 복지국가의 제도적 루트를 통해서 감지되지 못했다. 그 결과, 갈등은 남녀 간의 '사랑의 문제'로 전환되었고 제도적 문제가 아닌 '관계의 문제'로 해석되었다.

여성과 남성의 낭만적 관계는 노동시장 개인주의와 교차하면서 가족관계를 다양화하는 방향으로 진행되었다. 사회변화가 제도 수준의 변화로 반영되지 않고, '너무나 정상적인 사랑의 카오스'로 표현된 것이다. 여성은 결혼과 출산을 미루거나 가족 내에서 역할조정을 선도함으로써 노동시장에서의 입지를 강화하고자 시도한 만큼, 이혼으로 인한 신분하락의 위험 역시 피할 수 없게 되었다. 가족생활의 위험과 노동시장의 위험을 조정하는 역할이 여성 개인의 과제로 등장한 것이다. 여성은 이와 같은 형태로 자신의 삶을 짜깁기해야 하는 새로운 과제 앞에 서게 되었다. 여성과 가족의 개인화에 관한 이와 같은 벡의 분석은 부인인 엘리자베트 벡-게른스하임의 영향을 크게 받은 것으로 보이는데, 두 사람의 견해가 반드시 일치하는 것은 아니다. 벡-게른스하임은 벡에 비해 청년세대와 여성의 경우에서 개인화의 '위험성'을 한층 더 강조하는 것으로 보인다.

여성의 이슈가 가족이라는 사생활의 영역 외에 산업과 복지 부문에서는 충분히 반영되지 못한 것처럼, 산업 부문에서의 합리화에 의해 초래된 일자리에서의 경쟁 격화와 대량 실업의 문제 역시 단체협상과 복지국가의 제도적 루트를 통해 해결되지 못했다. 그리하여 개개인들은 스스로 위험을 관리하고, 필요할 경우 복지국가에 직접 청구하는 방식으로 국가와 직접적인 관계를 맺는 경향이 증가했다. 계급적 사회국가가 강화되면서 동시에 개인을 권리의 단위로 보는 법치국가 역시 강화된 것이다. 결국 제도화된 계급연대는 새로운 형태의 생애위험에 탄력적으로 대응하지 못함으로써, 개인과 국가 사이의 중간 매개체로서의 역할에 타격을 입게 되었다.

이와 같은 방식으로 국가와 개인 사이에서 연대의 단위이자 정체성의 공급지로 작용했던 가족과 계급의 통일성이 약화되는 현상을 벡은 '개인화'로 진단했다. 말하자면 개인화란, '카오스'가 가족과 산업의 영역에서 '너무나 정상적인' 현상이 되고 있음을 의미하는 동시에, 카오스 속에서 드러나는 새로운 질서를 의미한다. 루만이 근대사회 자체가 카오스처럼 복잡성의 세계이며, 여기서 반복되는 질서는 기능분화라고 보았던 것과 달리, 벡은 산업사회가 승리한 결과 카오스의 상태로 들어서며 그것의 질서는 산업사회의 기능분화와 구별되는 개인화라고 설명한 것이다.

일자리에서의 경쟁 격화와 대량 실업, 실업 완충을 위한 일자리의 불안정화 현상을 통해서 벡은 계급·계층의 구조 역시 개인별로 다양한 결과를 낳으면서 일종의 카오스를 창출한다고 보았다. 점점 더 많은 인구의 직업 및 계급 지위가 일관성을 상실하고 불안정한 파편들로 이어지는 '짜깁기 이력'의 형태를 보인다. 이렇게 계급의 유대감과 정체성이 약화되는데, 이 역시 양면적이다. 한편으로는 산업합리화와 계급적 방어막 약화로 구조적 차원에서 불평등이 오히려 강화된다. 그러나 다른 한편에서는 계급'분화'가 세분되기보다는 오히려 취업인구의 대다수가 '일반화된 피고용자'의 지위로 통일되는 경향이 나타난다고 보았다. 이들은 공통적으로 실업과 빈곤의 위협에 직면하게 된다. 실업위험으로부터 안전한 노동시장의 지위는 더 이상 존재하지 않게 되기 때문이다. 중산층 역시 더 이상 불안으로부터 자유롭지 못하게 된 것이다. 벡의 이와 같은 '중산층의 불안' 테제는 2011년 뉴욕의 월가 점령운동을 통해 다시 한 번 주목받았다.

한편으로는 개별적으로 짜깁기되는 삶의 다양성, 다른 한편으로는 일반화된 피고용자로서의 불안은 산업사회에서처럼 '피고용자' 계급의식과 같은 것을 발생시키지는 않는다. 그러기에는 개인화된 다양성이 너무 두드러지기 때문이다. 게

다가 서구의 고도화된 산업사회에서 피고용자의 삶은 단순히 노동시장에서의 지위에 의해서만 일방적으로 결정되지 않는다. 그들은 복잡하게 분화된 여타 삶의 영역에서 요구하는 다양한 규칙들을 스스로 조율하는 일상의 노동 역시 수행한다. 일자리의 규칙뿐만 아니라 교통규칙, 자녀들의 학교규칙, 병원규칙 등을 개인들이 일일이 조정한다. 이반 일리치가 '그림자 노동'이라고 부른 무보수 노동들이 일상적으로 수행되어야 사회가 돌아가기 때문이다. 물론 여성들은 여기에 가사노동과 자녀양육 등 한층 더 성공적으로 조율하기 힘들 노동들을 추가적으로 수행한다.

일반화된 피고용자들을 하나로 통일하는 지위는 산업사회의 핵심인 노동시장지위가 아니라, 위험사회에서는 오히려 소비자로서의 지위라고 벡은 보았다. 벡은 사회구성원들이 소비자로 점점 개인화하는 추세를 바우만처럼 부정적으로 판단하지 않았다. 오히려 불매운동이 일종의 투표라고 표현할 만큼, 그것을 일반화된 피고용자의 정치적 행위로 이해했다. 벡은 노동시장지위에 기초한 파업보다는 오히려 소비자로서의 불매운동이 기업에 더 큰 타격을 줄 수 있다고 설명했다.

기업은 해고위협을 통해 노동자의 파업을 약화시킬 수 있으나, 소비자에 대해서는 그와 같이 강력한 위협을 가할 수 없기 때문이다. 또한 소비자는 조직화나 집단적 정체성 등의 까다로운 과정이 없어도, 위험을 매개로 즉각적으로 결속할 수 있다.

소비자로서뿐만 아니라 취업자로서도 파업과는 달리 훨씬 개인화된 방식으로 정치적 행위가 가능하다. 농민은 유기농 생산을 통해서, 사업체와 상인은 대안적 상품의 개발과 판매를 통해서, 과학자나 전문가는 과학과 지식에 대한 성찰을 통해서 정치적 선택을 할 수 있다. 말하자면 기능분화에 기초한 산업사회에 저항하기 위해서 기능분화의 논리를 역으로 이용할 수 있다. 이와 같은 방식의 정치적 행위를 벡은 '유도정치 Judo-Politik'라고 불렀다. 유도의 원리처럼 위협적으로 가해지는 힘을 적에게 되돌림으로써 승리할 수 있다는 것이다. 이와 같이 위험사회에서 개인화된 '일반화된 피고용자'들은 산업사회에서와 달리 미시적이고 카오스적인 형태로 정치적 행위를 수행한다.

이처럼 위험사회의 새로운 정치형태를 강조했다고 해서 벡이 전통적 계급연대를 반대하거나 부정한 것은 아니다. 산업사회가 위험사회로 탈바꿈하는 만큼, 그것의 영향력과 효과는 제한될 수밖에 없다고 보았을 뿐이다. 벡은 산업사회에 집착하며 불평등을 완화하려는 방안, 예컨대 완전고용의 회복과 같은 형태에 대해서는 전혀 고려하지 않았다. 오히려 불안정 노동의 '위험'을 '권리'로 변화시킬 새로운 노동체제의 필요성을 주장했다. 예컨대 마르크스가 묘사한 '자유의 왕국'이 오히려 이제 실현 가능한 시나리오가 되었다고 본 것이다.

『위험사회』에서부터 벡이 일관되게 강조한 복지의 방향은 사회의 모든 구성원에 대한 최소소득의 보장이다. 『위험사회』에서는 이것을 아직 기본소득 개념과 연결시키지 않았으나, 결국은 사라지게 될 산업노동에 대한 대가로만 생존이 보장되어야 한다는 산업사회의 복지 개념에 대해 그는 애초부터 회의적이었다. 이후의 저작들을 참고할 때, 그가 말하는 '최소소득의 보장'은 단순한 시혜나 배려가 아니라 오히려 민주주의 사회에서 본래는 제도가 책임져야 할 위험의 정치를 개인들이 사적으로 수행하기 때문에 응당 받아야 하는 몫이다. 말하자면 사회의 지속 가능성에 기여하는 사회문화적 하위정치에 대한 최소 수준의 보상인 셈이다.

위험사회에서 사회는 더 이상 일자리가 아니라 위험을 개인에게 떠맡긴다. 따라서 산업노동에 대한 지불의 형식으로는 더 이상 생존을 보장할 수 없을 뿐만 아니라, 제도가 방기하는 위험 관련 임무를 개인들이 대신하기 때문에 개인들의 하위정치를 '노동'으로 새롭게 정의할 수 있다. 따라서 최소소득보장은 산업사회의 실업부조와 같은 시혜정책이 아니라, 정치적 성격을 갖는 노동에 대한 보상으로 이해되어야 한다. 이와 같은 관점은 이후 산업사회라는 '노동사회'에서 위험사회라는 '정치사회'로 사회의 성격이 변화하기 때문에, 위험사회에서 노동은 더 이상 전통적 산업노동이 아니라 정치적이고 문화적인 활동을 의미한다는 주장으로 이어졌다.

이렇게 볼 때, 불평등 구조가 소멸하기는커녕 오히려 악화된다고 진단하면서도 전통적인 계급·계층 구조가 사회학적으로 더 이상 의미를 갖지 않는다고 판단한 벡의 입장을 이해할 수 있다. 계급·계층의 불평등은 여전히 구조적으로 존재하는 것으로 관찰된다. 그러나 그와 같은 관찰은 '산업사회'의 관점으로 사회를 보는 방식이다. 위험사회에서는 재화의 분배보다 오히려 '위험'의 분배가 정치적으로 중요하기 때문에, 계급·계층의 불평등 구조에만 기초해서는 위험사회의 정치적 역동성에 대해 충분히 설명할 수 없다. 벡은 위험의 분배는 계급·계층의 집합적 구조와 달리 개인화의 경향을 갖는다고 보았다. 과학문명이 만들어 내는 '거대위험'이 계급과 계층, 또 국적조차 구분하지 않듯이, 산업합리화의 결과인 '생애위험' 역시 마찬가지이다.

그러나 벡은 위험사회 단계에서는 아직 생애위험에 대해 지구적 관점을 적용하지 않았다. 이후 세계위험사회 단계에서 벡은 불평등 문제를 이제 초국적 수준에서 논의해야 한다고 강조하는데, 이것은 생애위험에까지 지구적 관점을 확대한 것이다. 그렇게 할 경우 산업사회가 아닌 위험사회에서도 다시 집합적 불평등의 구조가 중요한 문제로 부상하는데, 그것은 중심부 국가와 주변부 국가들 간의 불평등이다. 벡은 세계위험사회에서 국가들 사이의, 즉 국적별 불평등만이 유의미한 집합적 불평등이라고 보았다.

3
제도정치 대 하위정치

근대사회는 특유의 분업구조에 기초해 있다. 마르크스는 생산수단의 소유 여부를 분업구조의 핵심 축으로 보았고, 그에 근거해서 계급대립이라는 '사회구조'에 대해 설명했다. 베버는 앞서 보았듯이 가족생활과 산업생산의 분업구조에서 출발해서, '직업으로서의 정치'나 '직업으로서의 학문'과 같이 인간의 다양한 행위가 직업분화의 형태로 제도화되는 현상에 대해 설명했다. 또한 계급론에 있어서도 베버는 앞서 보았듯이, 소비와 생산의 분화뿐만 아니라 노동시장에서의 직업분화를 매우 중요시했다.

근대사회에서 중요한 분업의 또 다른 양상은 노동과정에서 업무의 세분화 및 전문화를 의미한다. 노동과정의 분업화로 생산의 효율성이 극대화된다는 사실은 애덤 스미스 이후 지속적으로 관찰되었고, 테일러주의와 포드주의에 이르러 정점에 도달했다. 마르크스 역시 자본주의 사회에서 과거와 달리 생산력이 비약적으로 발전한 이유를 이와 같은 분업에서 찾았다. 말하자면 여기서 분업이란 기술의 세분화를 통해 노동과정을 합리화하는 것을 의미한다. 이와 같이 분업은 기술발전과 관련되어 있고, 기술발전을 선도하는 과학적 사고를 산업에 적용하는 것을 의미한다.

마르크스가 말한 생산관계 형태의 분업구조와 베버가 말한 사회적 행위영역의 분화 및 직업구조의 분화는 모두 이러한 기술적 분업을 바탕으로 형성된 사회적 분화의 형태이다. 근대사회는 과학기술의 발전에 근거하여 생산력을 비약적으로 발전시켰을 뿐만 아니라, 그것의 수학적 합리성을 모델로 삼아 사회관계 역시 분업에 기초하여 재편하였다. 그리하여 과제나 업무별로 행위나 규범의 영역을 분리하고, 그러한 분화에 기초하여 협업을 이루는 새로운 형태의 협동체계가 형성되었다.

가족과 산업의 공간적·사회적 영역분화는 종교와 정치의 분리, 종교와 학문의 분리, 도덕과 시장의 분리 등과 같은 세속화·합리화 과정과 맞물리며 사회를 다양한 전문적 영역들로 나누었고, 각각의 영역들 내에서만 유효성을 갖는 규범들을 제도화했다. 그렇게 해서 파슨스가 설명한 바와 같은 기능분화 체계로서의 근대사회가 형성되었고, 그에 걸맞은 규범적 다원주의가 표방되었다. 기능주의나 체계이론에서 사용하는 '사회구조' 개념은 이와 같은 분화의 구조를 의미한다. 즉 계급·계층론의 관점에서뿐만 아니라 일반적인 기능분화 이론에서도 '사회구조'의 개념을 사용하는데, 이 경우 그것은 정치·경제·법·종교·가족 등으로 다원화된 제도들의 구조를 의미한다.

벡은 계급·계층 구조뿐만 아니라, 기능분화의 구조 역시 산업사회에 제한될 뿐이라고 보았다. 위험사회에서 계급·계층 구조가 사회학적 의미를 상실하듯이, 기능분화의 구조 역시 마찬가지이다. 특히 그는 정치제도가 분화의 경계를 상실하여 정치 또는 '정치적인 것'이 더 이상 제도정치에 갇히지 않고 일반적으로 '편재'하는 현상이 가장 중요하다고 보았는데, 그것을 '하위정치'라는 개념으로 설명했다. 하위정치는 두 측면을 갖는다. 하나는 산업 및 과학의 합리성이 급진화하면서 그것이 '기능분화'의 경계를 넘어 정치의 영역을 침범하는 것이고, 다른 하나는 사생활과 문화라는 비정치적인 영역이 정치의 영역으로 탈바꿈하는 것이다.

말하자면 하위정치란 '비정치의 정치화'와 그것의 이면인 '제도정치의 정당성 약화'를 의미한다. 위험사회에서 불평등의 구조와 관련된 가족과 계급의 영역에서만 카오스가 일어나는 것이 아니라, 정치와 비정치의 기능분화 구조에서도 카오스가 나타난다고 본 것이다. 이제 정치와 경제, 정치와 과학, 정치와 사생활, 정치와 문화 간의 기능적·제도적 경계가 갈수록 희미해진다. 말하자면 베버 이래 근대성의 중심 원리로 이해되어 온 기능분화가 오히려 탈분화로 방향을 틀었다고 볼 수 있다. 이런 의미에서 '기능분화'에 의해 정당화되는 산업사회는 막다른 골목에 도달했으며, 제도적 수준에서의 카오스를 동반하는 위험사회가 형성되고 있다. 결국 위험사회란 위험을 체계적으로 생산한 결과 산업사회의 제도들이 카오스 상태로 변화하는 것을 의미한다. 그리고 앞서도 보았듯이, 그러한 카오스 속의 질서는 개인화와 하위정치이다. 집합적 결속의 규범도 개인화하며 탈제도화 및 유동화하고, '정치적인 것' 역시 하위정치의 형태로 탈제도화하여 여러 영역에 편재한다.

개인화 현상을 주도한 노동시장 개인주의와 마찬가지로, 하위정치화를 주도하는 원동력 역시 근대성의 두 가지 특성과 관련되어 있다. 경제와 과학을 중심으로 급진화된 산업합리성이 그 하나로서, 이후 신자유주의 세계화 과정을 통해서 확인되듯이 국민국가의 정치제도와 대결하면서 재화뿐만 아니라 위험생산 역시 가속화한다. 다른 하나는 근대 민주주의의 원리이다. 개인주의가 제도화되어 개인화의 경향을 질적으로 심화했듯이, 민주주의가 제도화되어 정치제도의 경계를 넘어서 생활과 문화, 사생활의 영역에까지 확대되어 적용되기 시작한다.

이와 같이 산업이나 과학의 제도화된 영역이 아니라 개인화된 삶 속에서 새롭게 등장하는 정치적 요구와 실천을 벡은 '사회문화적 하위정치'라고 불렀다. 여기서 '정치적인 것'의 핵심이 산업사회에서처럼 재화분배가 아니라 오히려 위험이라는 새로운 문제이기 때문에, 벡은 이렇게 정치지형이 완전히 변화하는 사회를 '위험사회'로 개념화했다. 이것은 풀뿌리 민주주의나 직접민주주의와 같은 형태로 민주주의가 한층 급진화함을 의미한다. 산업과 과학의 한층 급진화된 합리성이 위험생산만을 가속화하는 것이 아니라, 그것이 유발한 개인화가 양방향으로 작용함으로써 이와 같이 민주주의 역시 급진적으로 확대되는 것이다.

말하자면 개인화란 전통적 연대의 소실이자 동시에 민주주의 확장에 기초한 새로운 정치공동체의 건설과정이다. 이와 같은 논리에 근거하여, 벡은 산업사회가 완전히 농익은 결과 산업사회의 근대성에 대한 근본적인 의심 또는 성찰의 과정이 사회적으로 진행된다고 설명한 것이다. 근대성의 이와 같은 자기성찰은 '위험'을 핵심 문제로 설정하는 개인화된 민주주의, 또는 민주주의의 확대과정을 통해 구체적으로 표현된다. 그 결과 이와 같이 '성찰적'인 근대성의 새로운 제도와 규범이 산업사회의 '기능분화'와는 다른 형태로 발현할 것이라고 진단했다.

벡이 관찰한 새로운 근대성의 제도는 '개인화'와 '사회문화적 하위정치'라는 유동적인 성격의 제도들이다. 또 그가 관찰한 새로운 근대성의 규범은 급진화된 개인주의와 급진화된 민주주의이다. 제도의 차원에서는 산업사회의 제도들을 유동화하고 새로운 혼종형태들을 발현시킴으로써 산업사회와의

'단절'이 두드러지는 반면에, 규범의 측면에서는 '급진화'라는 단어가 보여 주듯이 '연속성' 역시 강조된다. 벡은 이러한 규범적 연속성 때문에, 새로운 근대성이 '탈'근대성이나 '비'근대성이 아니라, 여전히 '근대성'이라고 설명하는 것이다.

이와 같이 '성찰적 근대성'이라는 벡의 진단은 현대사회에서도 근대성의 핵심인 기능분화가 지속될 수밖에 없다는 루만의 입장과 대조된다. 또 현대사회를 '후기 산업사회'라고 이해하는, 예컨대 기든스의 사회민주주의적 진단과도 구별된다. 또한 현대사회 역시 근본적으로 자본주의일 뿐이라고 파악하는 마르크스주의와도 구별된다. 기든스나 루만과 같은 사회민주주의자나 마르크스주의자들은 모두 현대사회가 위험을 생산함에도 불구하고 여전히 '재화생산'이 그 핵심을 이루는 산업사회라고 본다. 그렇기 때문에 벡의 '위험사회'라는 관점과는 구별될 수밖에 없는 것이다.

루만은 현대의 환경운동과 같은 신사회운동이 규범이나 가치와 같은 일정한 도덕적 '내용'을 다시 사회제도의 중추로 요구하기 때문에 시대에 역행하는 흐름이라고 진단했다. 그리고 그와 같은 태도는 사회학에 가치와 관련된 형이상학을 요구하는 아도르노·호르크하이머의 태도와 다르지 않다고 비판했다. 그러나 위험이 인간과 지구 생태계의 존속을 위협하기 때문에 '생명'의 가치를 환기하는 것이 형이상학적 역행이라면, 가치 중립적이고 그렇기 때문에 '과학적'인 사회학 개념인 '기능분화'가 도대체 어떤 쓸모가 있는 것인지에 대해 회의하지 않을 수 없다. '생명 유지'가 과학적 현상이 아니라 형이상학적 현상이라면, 생물학적 세계는 이미 형이상학적 세계로 변화했다고 보아야 할 것이다.

파슨스와 달리 루만은 기능분화가 단지 근대적 분화 '형식'의 문제일 뿐 규범적 가치나 합리성과는 무관하다고 보았기 때문에 위와 같은 논리를 폈다. 루만에 의하면 근대사회에서 도덕은 순수하게 사적인 성격을 가지며(=개인주의), 공적 영역의 규범은 기능적으로 분화한 영역의 부호(코드)에 불과하다(=다원주의). 그리하여 베버나 파슨스가 주장한 '합리성'과 같이 사회제도 전체를 '내용적으로' 정당화하는 '집합의식'과 같은 것이 있다면, 그것은 오히려 기능분화에 이질적이라고 보았다.

이와 같이 루만은 개인주의와 다원주의에 기초하여 도덕적 내용을 동반하지 않는 절차적인 분화만을 '기능분화'로 이해했기 때문에, 벡이 '급진화된 개인화'라고 설명한 현상을 제도적 차원의 '단절'로 보지 않았다. 따라서 그는 현대사회에서도 근대적 기능분화가 지속될 뿐이라고 설명한 것이다. 말하자면 개인화가 2차 대전 이후 서구사회에서 한층 더 급진적으로 진행된다는 벡의 개인화 테제를 루만 역시 일정하게 수용하였으나, 그는 그것을 '개인주의+다원주의'에 기초한 기능분화의 연속적 과정일 뿐이라고 보았다. 벡이 신사회운동이 제기하는 새로운 가치와 도덕의 문제를 기본적으로 과학의 과학성에 대한 문제제기로 보았다면, 루만은 제도화된 과학과 과학 본래의 과학성을 동일한 것으로 보았다. 그렇기 때문에 벡은 루만의 이와 같은 관점을 전통적 기능주의의 '근대화론'과 다르지 않은 '계속근대화'의 관점이라고 비판했다. 파슨스에 기초한 전통적 근대화론에서는 '근대화'를 '합리화'로 본다면, 루만의 경우에는 기능분화 형식에 기초한 '전문화'로 본다는 정도의 차이가 있을 뿐이다.

'탈바꿈', 즉 산업사회의 '승리' 또는 '성숙'에 의한 자기변화라는 개념은 벡의 정치적 전망이 마르크스의 '위기를 통한 혁명'이라는 전망과 완전히 구별됨을 강조한다. 루만은 초반에 신사회운동이 이념이나 조직이 없기 때문에 사회운동이라고 볼 수 없는 기생적 형태일 뿐이라고 설명했는데, 벡은 오히려 이념이나 조직에 의존하는 사회운동이 산업사회의 전형적인 형태일 뿐이라고 반박했다. 벡은 산업사회라는 이론모델에서 출발해서 현대사회를 관찰하는 것을 끊임없이 비판했고, 앞서도 보았듯이 파슨스를 비판한 머튼과 마찬가지로 '중범위적' 관찰에서 출발해야 한다고 주장했다.

산업체와 과학이 하위정치를 수행한다는 것은 정치체계의 수면 밑에서, 따라서 투표행위와 같은 민주적 과정을 거치지 않고, 산업체와 과학이 사실상 정치적 결정을 지배하는 것을 의미한다. 즉 대의민주주의 제도 속에서 시민을 대변해야 하는 정치적 대표자들이 정치적 결정의 정당성을 시민들의 요구에서 찾는 것이 아니라 산업과 과학이 내세우는 '합리성'에서 찾음을 의미한다. 이것은 기능분화에 의해 전문화된 '합리성'이 민주적 절차를 대신하고 있다는 판단으로서, 베버와 베버의 영향을 받은 프랑크푸르트학파 비판이론의 관료제화 비판과 크게 다르지 않다. 다만 벡은 이들과 다르게 관료제를 근대적 현상으로 보기보다는 오히려 '근대화된 신분제'로 본다는 점에서 차이가 있다. 이것은 벡의 '반쪽 근대' 개념과 관련되는 내용으로서, 흔히 근대화론에서 근대성의 특징으로 설명하는 핵가족 역시 벡은 '근대화된 신분제'의 형태로 보았다.

파슨스에 기초한 전통적 기능주의에 의하면 정치와 경제는 상호 기능적으로 협업한다. 따라서 산업합리성과 민주주의의 합리성이 모순을 일으킬 수 없다. 그러나 벡은 이제 이 둘이 모순을 일으키고 서로의 영역을 침범한다는 것을 경험적으로 확인할 수 있기 때문에, 전통적 기능주의가 오류가 되었다고 판단했다. 이렇게 해서 한때 전통적 기능주의와 한배를 탔던 포퍼의 '반증이론'에 기초해서 기능주의를 비판할 수 있다. 그러나 루만에 오면 반증—오류라고 증명함—이 어려워진다. 루만은 파슨스와 달리, 예컨대 경제체계와 정치체계의 기능분화 속도가 다르다고 보았다. 따라서 기능분화 체계들은 서로 연동하지만 근대사회가 100% 기능분화 사회라고는 말할 수 없다. 특히 정치체계에는 부족사회의 특징인 '분절적 분화'의 양상이 그대로 남아 있다. 이럴 경우 경제체계의 작동방식과 정치체계의 작동방식 사이에서는 모순이 일어날 수 있기 때문에, 경험적 사실에 근거해서 루만의 체계이론이 오류라고 반증할 수 없다.

벡은 이론모델보다 경험적 사실을 중시하는 '중범위' 연구의 방법론을 옹호하는 데서 그치지 않고, 사회와 사회학에서 '개념정의'의 정치가 중요하다는 사실 역시 강조했다. 이것은 개념정의의 관점을 '산업사회'에서 '위험사회'로 이동하는 것을 의미한다. 이와 같은 방법을 벡은 『위험사회』 서문에서 '이론적 투사'라고 표현했다. 이것은 포퍼의 비판적 합리주의에서 말하는 '이론모델'과 다른 방식으로 '이론'을 이해함을 드러내는데, 구체적으로 그것이 어떤 방식인지에 대해서는 설명하지 않았다. 벡은 '이론모델'에서 출발하는 태도를 '모델 플라톤주의'라고 비판하는 데서 그쳤다.

루만이 주장하듯이, 근대 기능분화 사회의 출현이 어떤 필연성도 주장할 수 없고 단순히 우발적으로 이루어진 커뮤니케이션 체계의 자기구성과정이었다면, 기능분화에 기초한 산업사회가 근대성의 유일한 가능성이라고 볼 수는 없다. 그럴 경우 근대성의 자기구성은 근대성에 대한 개념정의에 달려 있기 때문이다. 예컨대 '신'과 같이 사회 외부에 존재하는 가치가 아니라, 만일 사회 내부에서 구성된 가치—예컨대 사회정의—에 기초해서 우발적으로 특정 형태의 커뮤니케이션이 반복되었고, 그리하여 그것이 스스로의 체계를 구성할 수 있었다면, 근대성은 기능분화가 아니라 사회정의가 체계화한 형태로 나타났을 것이다.

벡은 산업체나 과학 부문에서 주도하는 하위정치는 산업사회의 '개념정의'에 기초하지만, 개인화된 시민 주도의 하위정치는 그러한 개념정의에 도전하는 과정이라고 보았다. 이러한 과정은 '사회적'인 현상으로 나타났다. 즉 그것은 행위자의 의도된 결과라기보다는 오히려 무질서하게 진행되었다. 이와 같이 '무질서' 또는 '카오스'는 '탈바꿈'이라는 개념에서 핵심적이다. 행위자들의 목적의식적이거나 이념적인 또는 조직적인 결과가 아니라는 것이다. 앞서 말했듯이 이러한 성격 때문에 루만은 하위정치가 사회운동이 될 수 없다고 보았지만, 벡은 그것을 새로운 형태의 정치공동체, 즉 '위험공동체'가 발현하는 징후로 해석했다. 말하자면 '기능분화' 이후의 새로운 근대적 '진화'의 형태로 보았다고 할 수 있다. 실제로 『위험사회』에서 벡은 '진화'라는 단어를 많이 사용했다. 다시 말하면, 위험사회에서 카오스적인 위험공동체는 새롭게 발현할 사회적 결속의 형태를 드러내는 역할을 한다.

벡은 전통적 근대화론자나 루만과 달리, 근대사회의 특징을 '기능분화'가 아니라 '시민' 정체성에 기초한 '정치적' 결속이라는 고유의 결속방식에서 찾았다. 이것은 사회학에서 흔히 뒤르켐의 '유기적 연대'라는 개념으로 이해되어 '기능분화'와 동일시되어 왔다. 그러나 벡의 관점에서 보면 정치는 단순히 여러 기능분화 영역 중의 하나에 불과한 것이 아니라, 근대적인 사회적 결속의 핵심 형태이다. 산업사회에서 세속화한 정치적 속성을 갖는 사회결속이 산업생산과 계급이해를 축으로 하여 제도적 형태를 갖추었다면, 위험사회에서는 위험에 대한 보다 민주화된 감수성에 기초하여 새로운 형태의 시민적 결속의 형태가 등장할 것이라고 보았다. 『위험사회』에서 벡은 이것이 여전히 공화적인 시민결속의 테두리를 넘지 않을 것이라고 본 반면에, 이후 세계위험사회 단계로 가면 초국적 시민운동과 같은 위험공동체나 '세계도시'와 같은 지방적 형태로 등장하게 되리라고 보았다.

벡의 이와 같은 진단은, 자신을 현대 사회학자보다는 오히려 19세기의 사회학자와 동일시한 결과이다. 19세기 근대성의 여명기에 사회학자들은 '개인주의'나 '이기주의'와 같이 전통적 관점에서 볼 때는 비도덕적인 욕구에 기초하여, 루만의 표현을 빌리면 '비개연적인' 형태의 조직이나 관계들이 형성되는 것을 관찰했다. 그리고 이와 같이 카오스적인 상태에서도 사회가 해체되지 않고 오히려 새롭게 결속되는 과정을 설명하고자 했다. 사회학자들이 관찰한 것은 '낭만적 사랑'에 기초한 가족관계의 재편이나 이해관계에 기초한 결사체 형성, 정당 민주주의와 법치에 의한 권력의 재편, 계급갈등 등과 같이 사회학 개론서에서 흔히 설명되는 내용들이었다. 말하자면 과거의 규범이 단순히 해체된 것이 아니라, 새로운 규범들로 대체되는 과정이었다.

'위험사회'란 이와 유사한 현상이 다시 한 번 나타나는 과정이라고 벡은 보았다. 그리하여 결국 현재의 지배적인 규범이나 제도들이 새로운 규범과 제도들로 대체될 것이라고 보았다. 산업사회에서 새로운 규범의 핵심은 생산이나 노동의 문제였는데, 위험사회에서는 그것이 안전과 삶의 문제가 되고 있다고 보았다. 사회민주주의자들이나 마르크스주의자들과 달리 벡은 안전 문제가 노동 문제보다 우선시되고 있다고 보고, 그런 관점에서 '노동'에 대해 새롭게 개념정의를 해야 한다고 주장했다.

19세기의 사회학자처럼 스스로를 아직 완성되지 않은 사회 형태에 대한 관찰자로 보기 때문에, 벡은 위험사회 단계에서 '시나리오'라는 전략적 개념을 자주 사용했다. 현대 사회학에서는 과거의 거시적 프레임에서 자주 사용되었던 '법칙성' 개념이 현대 과학과 한층 더 잘 어울리는 '복잡성' 개념으로 대체되는 추세에 있다. 예컨대 루만은 법칙성 개념을 버리고 복잡성을 강조하는 대표적인 사회학자이다. '시나리오'라는 개념은 기든스처럼 사회를 구조와 행위의 이중성으로 보는 경우에 더 어울리는 개념이다. 벡은 사회학적 시나리오들을 비교할 필요가 있다고 본 듯한데, 그것은 기든스와 마찬가지로 그 역시 사회학을 중요한 사회적 행위자로 보았기 때문이다. 또는 라투르의 '행위자 연결망' 개념에서처럼, 사회학 역시 인간과 동맹을 맺어 행위를 수행하는 하나의 비인간적 존재로 이해될 수 있다.

벡은 '시나리오'의 개념을 '개인화'와 관련해서만 사용했다. 말하자면 생애위험을 해결하는 과정에서 산업사회적인 해결방식을 고수할 수도 있고, 개인화의 해방적 의미가 명확해지면서 새로운 근대성의 제도화로 연결될 수도 있고, 아니면 전근대적인 방식으로 퇴행할 수도 있다고 보았다. 그러나 생애위험과 관련해서 이렇게 복수의 시나리오를 제시한 것과 달리, 거대 문명위험과 관련해서는 '파멸이냐 삶이냐' 중 결국 한 가지의 선택만이 가능하다고 보았다. 이런 의미에서 벡은 생애위험과 관련된 '불평등'의 보다 고전적인 '사회 문제'가 아니라, 문명위험의 '부작용'으로부터 미래사회의 윤곽을 파악했다. 말하자면 새로운 근대성의 형태는 불평등 문제가 아니라 문명위험을 중심으로 접근해야만 관찰할 수 있다고 보았다. 이와 같은 그의 관점은 이후까지도 일관성 있게 지속되었다. 마르크스주의자들과 달리 벡은 재화분배의 불평등과 같은 사회경제적 문제는 연대보다는 분열을 촉진하는 경향이 있다고 보았고, '안전'이라는 한층 더 개인화된 프레임을 통해서 오히려 새로운 사회적 연대가 가능할 것으로 보았다.

한편 벡이 '산업의 하위정치'라고 말한 것은 마르크스주의에서 말하는 토대-상부구조의 문제와 유사하게 이해할 수 있다. 산업의 정치적 영향력이 강화된다는 의미이기 때문이다.

이후 신자유주의 세계화와 관련하여 벡은 이것을 '신자유주의 하위정치'라는 개념으로 고쳐서 사용했다. 규제 완화를 압박하는 신자유주의 세계화에 의해서, 정치제도 고유의 논리가 유효성을 잃고 경제적 이해관계에 지배된다는 것이다.

이와 달리 과학이 수행하는 하위정치는 벡의 『위험사회』에서 새롭게 주장된 내용으로서, 과학사회학과 관련된 부분이다. 과학이 정치화하는 경향에 대해서는 예컨대 부르디외 역시 지적한 바 있다. 그러나 부르디외는 과학이 정치권력에 의해 지배된다는 관점을 보인 데 비해서, 벡은 반대로 정치가 과학에 의해 지배된다는 입장을 보였다. 여기서 '지배'란 '정당화'를 의미한다. 말하자면 정략적 판단에 의해 과학연구의 내용이나 방향이 왜곡되는 현상이 아니라, 거꾸로 정책결정의 정당성을 민주주의가 아니라 점점 더 과학적 합리성에서 찾게 된다는 것이다.

이것은 베버가 지적한 관료제의 확대현상과 유사한 내용이다. 근대 이후의 정치에서는 행정 부문의 확대가 두드러지는데, 이것은 과학적 합리성으로 이해되는 전문성 및 중립성에 기초한다. 말하자면 관료제란 민주적으로 이루어져야 하는 정치적 의사결정이 '합리적 전문성'에 기초해서 수행되는 것을 말한다. 그렇게 해서 정치체계의 효율성이 증가한다고 '과학적으로' 예측한다. 이처럼 관료제가 확대되어 정치적 과정이 세분화될 경우, 정치적 결정의 정당성을 민주적 의사결정의 과정보다는 전문성의 과학적 성격에서 찾게 된다. 그러나 위에서도 보았듯이, 벡은 베버와 달리 관료제가 근대적 특성이 아니라 오히려 신분제적인 현상이라고 보았기 때문에, 여기서 관료제와 결합하는 과학은 과학의 비판 대상이 되어야 한다고 보았다. 과학은 점점 더 스스로 설명할 수 없는 결과들을 창출하는데, 관료제와 결합한 과학은 '과학적 확실성'을 요구하고 또 주장하기 때문이다.

벡의 하위정치 개념과 관련하여 과학이 특별히 중요한 이유는 과학적 확실성에 기초하여 불확실성이 생산되기 때문이다. 과학은 지식에 기초하여 재화와 위험을 생산하지만, 그렇게 생산되는 위험은 과학적 확실성의 영역을 넘어서 무지의 세계로 이동한다. '아는 것의 힘'에 의존하는 과학은 미래를 예측 또는 계산할 수 있는 수학적 합리성을 절대화했다. 그러나 현대 과학은 계산할 수 없는 위험을 생산하는 방향으로 발전했다. 예컨대 현대 과학의 핵심인 양자론은 과학적 질문뿐만 아니라 철학적이고 형이상학적인 질문들을 제기했다. 말하자면 방정식의 의미를 제대로 설명하지 못한 채로, 그 방정식에 기초해서 재화와 위험을 함께 생산한다. 이와 같이 현대사회에서 과학은 무지 속에서 사회를 실질적으로 지배하고 있다.

이와 관련하여 벡은 사실상 과학이 가장 첨예한 정치적 영역으로 탈바꿈하고 있다고 판단했다. 제도과학이 이렇게 정치화하면서, 그 속에서 개별적으로 회의하고 의심하는 대항과학자와 대항 전문가들의 정치적 역할 역시 중요해진다. 그뿐만 아니라 애초에 현대사회의 중차대한 위험들이 과학에 기초하여 생산되고 있기 때문에, 위험에 대항하는 정치적 과정에서 과학은 더욱더 중요해진다. 현대사회의 위험으로 불안한 시민들은, 더글러스가 설명하는 바와 같이 주술화된 위험으로 고통받는 것이 아니라, 위험이 과학적 현상이라는 것을 알고 있기에 불안해한다.

4
노동사회 대 정치사회

벡은 '산업사회 대 위험사회'의 대립과 공존, 즉 탈바꿈을 '노동사회에서 정치사회'로 탈바꿈하는 문제로 접근하기도 했다. 이것은 위에서 살펴본 '제도정치 대 하위정치'의 측면과 직접적으로 연결된다. 산업사회에서 제도정치는 무엇보다도 재화의 생산과 분배, 즉 노동의 문제를 핵심적인 '사회 문제'로 인식한다. 이것은 계급·계층의 프레임이 중요했던 이유이기도 하다. 그리고 무엇보다도 제도화된 정치적 절차를 통해서 사회 문제를 조정 또는 해결한다. 반면에 위험사회에서는 하위정치의 형태로 일종의 '정치의 누수현상'이 일어난다. 기능적으로 분화된 사회의 모든 영역이 정치화하는 것이다. 시장도 과학도 사랑도 소비취향도 정치화한다. '정치적인 것'이 사회의 모든 분화된 영역들을 꿰뚫으면서 불안과 불안정성을 확대한다.

여기에서 거대 문명위험과 미시적 생애위험이 교차된다.

우선 산업합리화에 기초한 '노동의 과학적 사용'은 노동과정을 세분화하는 테일러주의 단계를 정점으로 해서, 더 이상 세분화의 방향이 아니라 자동화·디지털화로 방향을 전환했다. 컨베이어벨트로 대표되는 '급진화된' 분업화에 이어서, 노동자가 완전고용의 세계로부터 탈락하여 실업자나 불안정한 노동지위로 전환되는 과정이 진행된 것이다. 노조가 이러한 구조조정의 속도에는 영향을 미칠 수 있겠으나 방향에는 영향력을 행사하지 못하기 때문에, 피고용자들은 한층 평등해진 불안정 노동의 위협으로부터 자유롭지 못하게 되었다. 앞서도 보았듯이, 이러한 과정을 통해서 계급 교섭을 통해 제도적으로 해결되던 노동위험의 문제가 개인의 부담으로 인지되는 생애위험으로 전환된다.

산업합리화는 노동지위의 광범위한 불안정화만을 야기하는 것이 아니라, 점점 더 많은 전력을 사용하고 점점 더 많은 화학물질을 생산하고 점점 더 많은 유전자 조작과 점점 더 많은 탄소 배출을 유발함으로써, 무차별적인 위험 역시 점점 더 광범위하게 생산한다. 불평등한 계급·계층 관계가 온존 또는 악화되는 과정 속에서도 인간을 점점 더 평등한 '생물학적 존재'로 동질화하는 경향 역시 강화되는 것이다. 따라서 피고용자 일반의 삶을 위협하는 위험은 단지 노동지위에 의해 차별화되는 양상뿐만 아니라, 산업사회 전체의 문제이자 지구 생태계와 후대의 삶의 문제라는 형이상학적 차원으로까지 연결된다.

이와 같이 한편에서 개인들은 노동기회로부터 점점 더 탈락하고, 다른 한편에서는 위험과 관련된 정치적 이슈가 일반적인 삶의 영역으로 확대되기 때문에, 벡은 위험사회에서 노동사회가 저물며, 인간 활동의 사회적 의미에서 노동 중심성이 약화되고 정치의 중요성은 증가하는 '정치사회'로의 변화가 진행된다고 보았다. 가장 급진적으로 합리화된 산업사회에서 삶의 위험은 더 이상 노동지위를 중심으로 설계된 위험성 예측의 좁은 틀 속에서 적절하게 계산되거나 예방될 수 없는 상태에 이르렀다. 산업사회에서 설계된 공적·사적 '보험'의 형태로는 이처럼 포괄적이고 예측할 수 없으며 위험 발생의 법적 책임이 명확히 가려지기 어려운 위험을 '합리적' 계산요소로 치환할 수 없기 때문이다. 이와 같은 위험은 개별 보험제도의 대상이 아니라 오히려 포괄적인 정치적 책임의 문제로 이해될 수밖에 없다.

'노동사회 대 정치사회'의 프레임은 '노동의 종말' 현상과 '문명위험의 생산' 현상을 밀접히 결부함으로써 가능하다. '노동의 종말'로 인해서 사회적 불평등은 더 이상 소득이 아니라, 오히려 '시간'분배의 불평등으로 나타난다고 벡은 보았다. 노동안정성이 파괴되는 추세 속에서 양극화는 기본적으로 노동시간의 양극화로 나타난다. 정규직과 고소득자의 노동시간은 증가하는 데 비해서, 실업자와 비정규직의 노동시간은 감소한다. 또는 이들은 파편화된 노동시간을 이어 붙여서 소득을 조금이라도 높이기 위해 스스로 궁리해야 한다. 그러나 이처럼 시간분배에 대해 노동시간을 중심으로 이해하는 것은 산업사회적인 관점에서 벗어나지 못했음을 말해 주기도 한다.

이와 똑같은 현상을 위험사회의 관점에서 보면, 위험사회의 '정치적인 것'들을 활성화하기 위해 필요한 시간이 객관적으로 확보되는 과정으로도 이해할 수 있다. 예컨대 이와 같은 새로운 '정치적 시간'들은 노동시장위험에 더 많이 노출된 사람들을 중심으로 확보된다. 이들은 위험사회의 위험들을 삶 속에서 인식하고 있고 동시에 소득이 확보되지 않기 때문에,

위험과 소득을 하나의 통일된 프레임 속으로 연결시킬 수 있다. 말하자면 이와 같이 산업사회의 관점에서 보면 시간과잉과 소득박탈로 인해 일방적인 '복지시혜의 대상' 또는 '약자'로 낙인찍힐 사람들을, 위험사회의 관점에서 보면 오히려 새로운 정치적 활동의 잠재적 행위자로 이해할 수 있다.

이들이 풀뿌리 현장 수준에서 초국적 차원에 이르기까지 새롭게 요구되는 정치적 활동들을 수행하고 또 그것이 경제적으로 보상받는다면, 노동사회가 성공적으로 정치사회로 탈바꿈할 수 있다고 벡은 보았다. 따라서 이와 같은 탈바꿈이 제도적으로 가능하도록, 벡은 정치적 활동을 노동사회가 아닌 정치사회에서 등장하는 새로운 '노동'의 형태로 규정하고 그에 대해 최소한의 소득을 보장해야 한다고 제안했다. 벡의 이러한 제안은 '조건적 기본소득'으로 이해되기도 했는데, 이것은 기든스 등의 사회민주주의자들이 주장했던 산업사회의 '적극적 복지'방식이 아니라 위험사회라는 '정치사회' 특유의 복지방식을 의미한다.

말하자면 벡은 새로운 복지제도의 형태를 구상하면서 위험사회는 후기 산업사회 또는 후기적 형태의 기능분화 사회가 아니라는 전제에서 출발했다. 위험사회에서는 산업노동 형태의 인간 활동이 점점 더 쓸모가 없어진다. 그러나 위험에 대한 정치적 대응은 더욱더 급박하게 요구되기 때문에, 이와 같은 변화가 복지제도 속에 반영되어야 한다. 사라지는 산업노동에 기초하여 복지를 제공할 경우, 그것은 점점 더 단순한 시혜 이상의 의미를 가지기 어렵다. 산업사회에 쓸모가 없어진 사람들에게 시혜하는 것이 '복지'의 내용이 될 수밖에 없는 것이다.

그러나 서구 복지사회에서 발달한 '복지'의 개념은 일방적인 시혜가 아니라, '자신이 기여한 바에 기초하여 사회로부터 되돌려 받음'이었다. 즉 복지제도는 (산업)협동체로서의 '사회' 개념에 기초해 있었다. 그런데 이제 산업협동체로서의 사회의 의미는 쇠퇴하고, 위험에 대항하는 정치공동체로서의 의미가 부상하기 때문에, '사회적 협동'의 내용 역시 더 이상 생산노동이 아니라 '정치적인 것'이 되어야 한다. 이런 점에서 벡은 최소소득의 보장이 '정치적인 것'을 수행하는 '사회적 기여'에 대한 정당한 대가로 이해되어야 한다고 주장했다. 결코 전망을 잃고 배제된 자들에게 베푸는 시혜가 아님을 강조했던 것이다.

독일의 좌파들이 비판했던 바와 달리, 이것은 벡의 복지 개념을 기든스의 '신노동당' 복지정책과 근본적으로 구별하는 지점이다. 기든스는 선진 산업사회에서 정치는 더 이상 '계급 간의 평등한 분배'에 기초한 낡은 형태가 아니라, '삶의 질'과 '다양성 인정'을 핵심으로 하는 '생활정치'로 업그레이드되었다고 보았다. 이것은 벡이 '승강기 효과'라고 부른 '부의 확산'에 기초한 현상이다. 그런데 기든스는 여기서 멈추지 않고, 이러한 정치의 변화가 이미 거스를 수 없는 현상이 되었기 때문에, 만일 경제위기가 오거나 양극화가 심해져도 정치는 다시 분배갈등 중심의 옛 패러다임으로 돌아갈 수 없다고 보았다.

이와 같이 현대사회에서 '정치'가 이미 어떤 임계점을 넘어섰다는 진단은 벡의 경우에도 마찬가지였다. 그러나 기든스는 이와 같이 '정치'가 이미 산업사회의 패러다임을 넘어섰다고 보면서도 위험(리스크)의 경우에는 문명위험 ―기든스의 개념으로는 '제조된 위험'― 으로 주도권을 넘기는 임계현상이 나타났다고 판단하지 않았다. 말하자면 '위험'과 관련해서 기든스는 여전히 성장과 경제의 위험이 매우 핵심적이라고 보는 '산업사회'의 관점을 유지하면서도, '정치'와 관련해서는 생활정치가 계급정치를 대신했다는 '단절'의 관점을 취했다.

벡은 현대사회에서 산업사회와 위험사회가 공존하지만, 사회진단을 위해서는 명백히 '위험사회'의 관점을 취해야 한다는 확고한 입장을 보였다. 그는 승강기가 올라가는 현상뿐만 아니라 승강기가 다시 떨어지거나, 더 정확히는 승강기로부터 개인들이 무차별적으로 떠밀리는 현상 역시 '개인화'라는 동일한 기제를 통해 설명했다. 따라서 개인화는 '양'에서 '질'로의 변화와 같은 일직선적 변화가 아니라 오히려 양면적 과정을 의미한다. 벡은 기든스가 주장한 '근로복지'의 개념과 달리, 빈곤과 실업의 극복을 위해 개인의 기여와 책임이 한층 더 강조되어야 한다고 주장하지 않았다.

오히려 벡은 생애위험의 개인화가 '사회로부터 강요되는' 현상이기 때문에, 그에 대한 '개인들의 결단'은 복지혜택을 위해 노동수행의 의무를 수용하는 방식의 결단이 아니라, 풀뿌리 수준의 '정치적 활동'을 수행하는 방식의 결단이어야 한다고 보았다. 따라서 벡은 기든스가 주장한 바와 같은 '근로복지'의 모델이 아니라, 정치적 활동과 참여를 '노동'으로 정의하여 그에 대한 대가로서 최소소득을 보장해야 한다는 새로운 복지모델을 주장한 것이다. 그리고 그러한 전제 위에서, '완전 고용모델'로의 회귀가 아니라 '불연속 노동의 권리'를 보장해야 한다고 주장했다.

여기서 벡이 말하는 정치적 활동과 참여는 산업사회의 기능분화 체계에 기초해 직업적으로 수행되는 정치가 아니라, '또 다른 근대성'을 지향하는 '정치적인 것의 발명' 행위들을 의미한다. 따라서 그러한 행위들은 산업사회 체계 내에서는 전혀 보상받을 수 없도록 설계되어 있다. 제도화된 정치의 외부에서 풀뿌리 정치나 라이프스타일 실험, 소비패턴 등의 형태로 나타나기 때문이다. 말하자면 그것은 제도와 일상, 경제와 정치의 경계를 허무는 새로운 정치적 실험들을 의미한다. 따라서 이와 같이 산업사회의 개념으로는 이해하기 어려운 새로운 현상들을 '정치'나 '노동'으로 이해하기 위해서는 산업사회의 관점을 벗어나는 것이 우선적으로 필요하다.

산업사회의 관점에서 보면 실업자나 불완전하게 고용된 사람들의 유휴노동력, 비연속적 노동은 '잉여'나 '산업예비군' 또는 '불안정 노동'으로 인식될 뿐이다. 그러나 위험사회의 관점에서 보면 그것은 새로운 정치(또는 노동)를 가능하게 하는 시간의 확보나 축적으로 이해될 수 있다. 말하자면 산업사회에서는 시간이 기본적으로 생산노동의 단위로 이해되었다면, 위험사회에서는 제도 밖의 '정치노동'(=정치적인 것의 발명 및 수행)의 단위로도 인식될 수 있다는 것이다. 위험사회에서 정치노동은 산업사회에서 생산노동만큼 불가결한 요소이다. 그러한 정치노동이 없다면 거대 문명위험으로 인해 묵시론적 결과를 피할 수 없기 때문이다. 이런 이유에서 위험사회는 더 이상 '노동사회'로 제한되지 않고 '정치사회'로 변화한다.

그러나 이와 함께 '정치사회'의 의미 역시 변화할 수밖에 없다. 예컨대 '노동사회'가 출현하기 이전의 고대 폴리스에서와 달리, 위험사회에서 노동은 다시 비천한 것으로 돌아가지 않는다. 말하자면 정치는 더 이상 '노동에 대한 지배'를 출발점으로 삼지 않는다. 그렇기 때문에 정치활동이 새로운 '노동'으로 재정의되어야 하는 것이다. 말하자면 '노동사회'라는 사회의 기초를 그대로 두고, 노동의 내용을 '정치생산'으로까지 확대하는 것이다. 그러나 이것은 예컨대 '서비스 사회'나 '정보화 사회'처럼 신산업의 기능분화를 의미하는 것이 아니라, 산업사회의 기능분화 원리 자체에 대한 성찰의 과정을 의미한다. 따라서 이런 의미에서도 위험사회는 '근대성'의 연속성 속에 위치한다.

앞서 말했듯이 『위험사회』에서는 서구사회에서 승강기가 상승하면서 나타나는 효과와 승강기로부터 떠밀리는 생애위험의 양면성에 대해서 다루었다면, 『아름답고 새로운 노동세계』에서 벡은 문명위험과 생애위험이 맞물리면서 '정치적인 것'이 유럽 수준으로 확대되는 현상 및 새로운 복지제도의 모델에 초점을 맞추었다. 벡은 서구에서 개인들이 승강기에서 떠밀리면서, '서구사회의 브라질화' 현상이 진행된다고 보았다. 서구 근대성의 특징이었던 제도적 합리성, 계산 가능성, 예측 가능성이 무너지면서 브라질로 대표되는 주변부 사회·경제의 무질서와 다르지 않게 변화한다는 진단이다.

생애위험의 문제를 『위험사회』에서는 포스트포드주의의 산업합리화 논리로부터 도출했다면, 여기서는 이미 초국적으로 진행된 신자유주의에 기초해서 생애위험과 '정치적인 것의 발명'에 대해 다루었다. 말하자면 『위험사회』에서는 일국 단위의 하위정치와 신사회운동을 '정치적인 것'으로 설명했으나,

『아름답고 새로운 노동세계』에서는 초국적 시민정치를 새로운 '정치'의 핵심으로 재설정하고, 일국 단위 복지제도의 경우에도 그와 같은 '정치노동'과의 연계 속에서 최소소득을 보장해야 한다고 주장했다.

벡은 생산노동 및 완전고용에 기초한 '노동사회'의 종말과 함께 새롭게 등장하는 분배의 문제를 '시간'의 차원에서 찾았다. 말하자면 분배의 문제가 더 이상 '소득분배'의 문제가 아니라 '시간분배'의 문제가 되어 가고 있다고 본 것이다. 여기서 벡은 첫째, '노동 불평등'에서 '시간 불평등'으로 관점을 옮기고, 둘째, 잉여시간을 축적한 사람들의 다양한 '정치적 활동'을 '노동'으로 재정의하며, 셋째, 이와 같은 '정치노동'에 기초하여 최소소득을 보장하는 복지모델을 구축하고, 넷째, 이의 전제로서 남녀가 공히 '돌봄노동'을 수행하도록 지원해야 한다고 주장했다. 이 책에서 벡은 이와 같은 '정치노동'을 '시민노동'이라고 부르고, 자신의 복지모델을 '시민노동모델'이라고 불렀다. 이렇게 해서 기든스의 '근로복지'모델과 자신의 '정치노동 복지'모델을 구별하고자 했다.

여기서 벡은 복지국가를 노동주권이라는 사회권의 관점에

서만 볼 것이 아니라, 시간주권이라는 '정치적 자유'의 관점에서 볼 필요가 있다고 설명했다. 따라서 새로운 복지사회의 임무는 시민의 시간주권을 보장하는 것이고, 시간은 민주적 참여를 위한 기초적 자원으로 이해된다. 벡이 『위험사회』에서부터 주장해 온 '최소소득의 보장'은 새로운 기본권인 시간주권을 보장하는 방법으로 이해될 수 있다는 것이다. 벡은 풀뿌리 수준의 정치참여가 민주주의를 가능하게 만드는 '시민노동'이라고 규정했다. 그리고 시민노동에 대한 보상으로 '시민수당'이 지불되어야 하고, 그 액수는 적어도 실업보조금과 사회부조의 온당한 수준을 상회해야 한다고 주장했다. 시민들의 정치활동을 가능하게 하는 물질적 기초는 고대사회에서처럼 노예노동이 아니라 기계와 로봇, 컴퓨터와 결합된 노동에 의해 제공된다. 이렇게 벡은 산업노동에 종사하는 인구의 축소를 '시간주권의 확대'라는 관점에서 새롭게 바라볼 뿐만 아니라, 여성과 같은 '타자'의 범주 역시 더 이상 효력을 갖지 못하도록 '불연속적 취업활동의 권리'를 보장하는 방향으로 복지제도의 근간을 형성해야 한다고 보았다.

그리하여 사회의 노동 분업은 산업사회와는 다른 새로운 형태를 취한다. 즉 이제 복지국가의 근간인 노동은 취업노동과 시민노동(또는 정치노동) 양자로 구성되며, 첫째, 모두가 이 두 가지를 다채롭게 조정할 수 있도록 전일제 노동시간을 감축하여 전일제 취업자에게도 시간주권을 보장하고, 둘째, 가족 내 성별 분업의 관행을 수정하고, 셋째, 돌봄 역시 취업노동과 마찬가지로 사회보장체계 속에 포괄되어야 한다는 것이다.

시민노동이란 시민수당을 통해 경제적으로 보상되는 '사회문화적 하위정치'로서, 종국에는 유럽 수준의 시민사회 연결망이나 시민정치활동의 초국적 연결망과 연결될 수 있다고 보았다. 말하자면 개인화한 형태의 '정치적인 것'이 초국적 형태로 연결될 수 있도록 다리를 놓아 주는 작업이 시민수당의 복지제도라고 본 것이다. 따라서 벡은 시민수당이 사회부조와 같은 공동체적 배려의 결과가 아니라, '정치사회'의 물질적 기초로서의 성격을 갖는다고 설명했다. 시민노동은 풀뿌리 수준의 정치참여를 통한 민주주의 교육의 체험이며, 그를 통해 민주주의가 실질적으로 보장될 수 있다고 보았다. 정치제도의 관점에서 보면 일종의 '정치의 외주화'인 셈이다.

이와 같이 위험사회의 경제적 기반으로 '시간적으로 축소된 산업노동+정치노동'의 결합을 드는 것은, 벡이 프랑크푸르트 비판이론에서와 마찬가지로 산업사회의 결과를 계급 양극화가 아니라 나치즘과 같은 민주주의의 붕괴로 보았기 때문이다. 이런 의미에서 벡은 산업사회를 온갖 범주의 '타자'를 생산하는 사회로 보았다. 또 현대의 산업사회는 위험을 생산하면서도 정치적으로는 여전히 생산만을 문제 삼기 때문에, '민주주의의 붕괴'로 가는 여정에 있다. 따라서 민주주의를 지키는 것이 무엇보다도 첨예한 정치적 문제이고, 직업정치가들은 산업과 과학이 주도하는 하위정치에 휘둘리기 때문에, 시민사회에서 수행하는 '정치노동'이 필수불가결하다는 것이다.

벡은 특히 '프로젝트별로 조직된 정치노동'을 시민노동이라고 보았는데, 사실 이와 같은 시민 지원은 독일 역사에서 낯설지 않다. 또한 다양한 수준에서 정부가 시민에 대한 정치교육을 지원하는 것 역시 2차 대전 이후 독일 정부가 의식적으로 추진한 방향이다. 이런 점에서 벡은 2차 대전 이후 독일 시민교육 및 시민정치에 대한 지원을 확대하여 그것을 복지국가의 한 기둥으로 흡수하자고 주장한 것으로 볼 수 있다. 결국 벡은 독일 시민정치의 전통을 산업사회에 대항하는 위험사회의 기본적 노동구조로 재해석했고, 그 과정에서 앙드레 고르의 기본소득에 대한 논의를 결합시켰다고 볼 수 있다.

역사유물론을 주장한 엥겔스는 씨족 중심의 원시공산제 사회가 공산주의 사회의 원형으로 이해될 수 있다고 본 데 비해서, 벡은 노예제에 기초했으나 자유시민 중심의 정치적 사회였던 고대 그리스를 위험사회의 원형으로 보았다. 엥겔스는 자본주의의 무한정한 생산력 발전이 사적 소유의 생산관계로 인해 주기적으로 붕괴되는 모순을 공산주의를 통해 해결함으로써, 인간이 '필연의 영역'에서 '자유의 영역'으로 해방될 수 있다고 보았다. 반면에 벡은, 인간노동력을 더 이상 필요로 하지 않는 생산력 발전이 초래하는 문명의 위험에 민주주의적으로 대처하는 것이 인간에게 부과되는 새로운 노동의 형태라고 보았다. 루만은 벡이 마르크스의 계급정치를 대체하는 정치적 주장을 했다고 비판했는데, 오히려 엥겔스의 역사유물론을 대체하고자 했다고 보는 편이 적절한 것 같다.

5
단순 근대성 대 성찰적 근대성

『지구시대』를 쓴 마틴 앨브로는 기능주의 근대화론이나 탈근대주의 이론이나 모두 '근대성=산업사회'라는 단순한 가정에 기초하고 있다고 비판했다. 벡 역시 앨브로와 마찬가지로 근대성이 산업사회라는 역사적 형태와 완전히 동일하다고는 보지 않았다. 물론 산업사회화를 통해 근대성의 해방적 기획이 온전하게 실현될 수 없다고 본 '비판적' 사상가들은 벡 이전에도 존재했다. 그러나 벡은 이들과 자신을 의식적으로 차별화하는데, 그 이유는 그와 같은 비판적 사상가들이 근대성의 미래에 대해 매우 암울한 전망을 내놓았기 때문이다.

대표적인 경우가 관료제라는 코르셋에 갇힌 미래를 예상한 베버와 그의 진단을 전유한 아도르노·호르크하이머였다. 베버는 산업사회의 합리성이 전통사회의 합리성과는 달리 가치정합성이 아니라 순수하게 도구적인 성격을 갖는 '합목적성'을 의미한다고 보았다. 베버는 이러한 도구적 합리성의 제도화가 단순히 시장의 지배라는 정치경제적 현상으로 그치지 않고, 사회조직의 관료제화라는 광범위한 변화를 초래한다고 보았다. 그리하여 도구적 합리성이 제도화된 결과는 마르크스가 예상한 바와 같은 자본주의적 계급착취가 아니라, 인간이 관료제에 함몰되어 주체로서의 지위를 상실하는 것이라고 진단했다.

이것은 짐멜이 『돈의 철학』에서, 돈이 사회적으로 유통되는 과정에서 애초에는 어떻게 자유로운 주체를 창출하고, 이후에는 어떻게 주체를 돈에 종속시키게 되는지에 대해 설명한 방식과 유사하다. 말하자면 이와 같이 자유와 지배가 엇갈리는 암울한 시대진단은 19세기 독일 사회학의 특징이었다고 볼 수 있을 것이다. 이후 베버의 '도구적 합리성' 개념은 사회학의 주류 및 그에 반대하는 비판이론에 영향을 미쳤다. 반면 미국 외의 사회학계에서는 별로 수용되지 않았던 짐멜의 경우, 그의 '돈의 철학'은 시장이 욕망을 생산한다는 탈근대주의 설명방식과 유사성을 보인다.

베버의 '합리성' 개념을 수용했음에도 불구하고 기능주의 근대화론은 산업사회의 미래에 대해 순진할 정도의 낙관적 태도를 보였다. 반면에 비판이론과 탈근대주의 이론의 대부분은 근대성이 결국 도구적 합리성이나 돈의 지배로부터 자유로울 수 없다는 암울한 진단으로 연결되었다. 벡은 비판이론가들과 달리, 기능주의가 한동안은 상당히 사실에 부합하는 사실주의적 설명이었다고 평가했다. 종속이론이나 세계체제론에서 비판했듯이 주변부 사회에서는 기능주의 근대화론의 낙관적 전망이 실현되지 못했으나, 적어도 서구사회에서는 정치적 민주주의를 통해 자본주의 경제를 견제하는 데에 성공했기 때문이다. 다렌도르프가 설명했듯이, 전후의 서구사회에서는 자본주의의 고질적 문제인 계급갈등 역시 제도화되어, 서구사회의 '통합'을 '합의나 순응'의 관점뿐만 아니라 '갈등'의 관점에서도 설명할 수 있게 되었다.

그러나 이러한 기능주의 현실론은 위험을 외부화함으로써만 가능했다는 것이 벡의 지적이다. 말하자면 그것은 현실의 일면만을 관찰한 반쪽짜리 이론이다. 즉 그것은 '근대성'을 온전히 설명할 수 있는 이론이 아니라, '반쪽 근대성'에 대한 이론이다. 말하자면 산업사회란 근대성이 절반만 제도화한 형태라고 벡은 보았다. 근대성을 온전히 설명하기 위해서는 산업사회의 일면만이 아니라, 그것이 체계적으로 생산한 이면 역시 동시에 관찰해야 한다. 그러나 산업사회의 합리성 또는 기능분화 개념 등에 기초한 산업사회의 '관점'은 근대성을 그렇게 전체적으로 설명하지 못했다.

산업사회의 제도 중심적인 '관점'은 근대성의 '기능분화' 측면만을 보면서, 그것이 생산한 '부작용'들을 인식체계로부터 '외부화'했다. 외부화는 두 방향으로 이루어졌는데, 하나는 주변부의 종속적인 사회들로의 공간적 외부화이고, 다른 하나는 아직 미성년이라서 또는 아직 태어나지 않아서 투표권이 없는 미래세대를 향한 시간적 외부화이다. 말하자면 산업사회에서 제도의 합리성은 '서구사회'에서 '현재' 투표권을 행사하는 성인들에게만 '합리적'일 수 있다. 그러나 그나마도, 체르노빌 재난을 통해 확인되었듯이 그들 역시 위험으로부터 완전히 보호될 수 없다는 것이 알려지기 시작했다.

벡이 『위험사회』에서 설명하듯이, 주변부와 미래세대의 사회는 이미 '위험한 사회'가 되었다. 주변부 사회는 서구의 산업폐기물과 방사선에 오염된 쓰레기, 농약과 비료 등의 화학물질들로 오염되고, 미래세대는 구멍 난 오존층에서부터 핵폐기물의 장구한 처리 기간 문제 등으로 인해 더 이상 순수한 '자연세계'를 상상할 수 없게 되었다. 자연은 이제 단순히 '자연'이 아니라 인공생산물과 밀접하게 결합되어 있다. 또한 '사이보그' 담론들이 말해 주듯이, 인간의 노동과 활동들 역시 더 이상 순수하게 '인간적'이지 않다. 결국 '자연'과 '사회' 그리고 '물질'과 '인간' 사이의 기본적 경계가 사라지게 된 것이다.

그러나 위험사회는 단순히 '위험한 사회'가 아니라, 이러한 위험성이 위험생산의 당사자인 서구사회의 구성원들에게까지 자각되는 경우를 의미한다. 즉 더 이상 외부화될 수 없는 지경에 이른 위험, 따라서 그것을 생산한 사회 내에서 그 문제가 공론화될 수밖에 없는 경우를 말한다. 이렇게 위험이 중요한 정치적 이슈로 등장하는 경우를 벡은 위험사회라고 불렀다. 그러나 벡은 위험사회가 예컨대 베버나 아도르노의 진단처럼 암울한 묵시론적 상황으로 귀결되리라고는 진단하지 않았다. 그렇다고 해서 베버나 아도르노가 '근대적 주체'라고 생각했던 경지로까지 행위자들의 주체성이 발휘될 것을 낙관하지도 않았다.

이후에 벡은 자신의 시대진단 기저에 있는 철학적 관점을

‘실용주의’라고 표현했는데, 이것은 ‘무지 상태에서의 결단’을 의미한다. 산업사회에서 인간의 ‘합리적’ 행위는 ‘앎’과 ‘지식’에 근거했다. 파슨스는 이런 의미에서 근대적 행위가 ‘성찰적’이라고 설명했고, 기든스 역시 이와 유사한 관점을 보였다. 그러나 벡은 현대사회에서 과학이 ‘앎’이나 ‘지식’보다는 오히려 ‘무지’를 더 많이 생산한다는 사실을 강조했다. 이제 과학이 ‘앎’이나 ‘확실성’을 보장하지 못하기 때문에 인간 행위자는 ‘무지’ 속에서 행위를 결정할 수밖에 없는 아주 새로운 상황이 도래했다는 것이다. 따라서 이러한 상황에서의 합리성은 행위와 관련된 완벽한 지식에 기초해서가 아니라, 행위결과의 위험성에 대한 대응을 중심으로 ‘실용주의적으로’ 결정될 수밖에 없다. 벡은 이와 같이 ‘불확실성’ 속에서 합리적 결단을 해야 하는 상황을 실용주의 철학을 통해 설명할 수 있다고 보았다.

이와 같은 관점은 19세기 또는 2차 대전 직후의 인간 이성이나 인간 주체에 대한 희망 또는 절망과는 완전히 구별되는 것이다. 베버나 아도르노는 과학이라는 새로운 지식체계를 개척한 인간의 이성능력에 대해 의구심을 품지 않았다. 그들은 오히려 물질세계를 설명하는 이성적 학문인 과학이 '규범' 중심의 사회영역마저 지배하게 될 것을 두려워했을 뿐이다. 말하자면 칸트가 설명했듯이, 물질세계의 이성과 사회세계의 이성은 달라야 한다는 것이었다. 그러나 벡이 두려워한 것은 과학이 더 이상 물질세계에 대해서도 이성적으로 설명할 수 없다는 사실이었다. 과학은 자연의 질서를 이해하고 설명하는 데서 그치지 않고 새로운 물질세계를 창조하고 있으나, 그 과정을 합당하게 설명하지 못한다. 예컨대 우리는 곧 양자컴퓨터를 사용하게 되겠지만, '양자'가 무엇인지에 대해 아무도 '과학적으로' 설명하지 못하는 세계 속에 살고 있다.

말하자면 아도르노 등의 많은 비판적 사상가들이 우려했듯이 '순수이성'이 '실천이성'의 영역마저 지배하는 것이 문제가 아니라, '순수이성'이 더 이상 '순수이성'으로서의 기능을 못한다는 것이 문제가 된다는 것이다. 이렇게 과학적 이성의 합리성마저 의심과 성찰의 대상이 될 경우, 인간 이성이나 인간 주체에 대해 절망할 수 있을 뿐만 아니라 아예 희망 자체를 걸 수가 없는 상황이 된다. 이런 상황에서 벡은 인간 주체가 아니라 우리가 맞닥뜨리고 있는 결과의 위험성에서 출발해야 한다고 주장했고, 그것을 '실용주의'라는 개념으로 설명했다.

이렇게 보면 과학을 의심하고 산업사회에 대해 성찰하도록 하는 합리적 주체는 인간이라는 '이성'을 독점한 생물체가 아니라, 산업사회의 '부작용'이자 묵시론적 위험을 예고하는 '문명위험'들이다. 벡은 자신의 실용주의적 관점에서 볼 때, 정치의 주체는 더 이상 인간 행위자가 아니라 '부작용'인 위험이라고 보았다. 이것이 그가 말하는 '부작용의 정치'의 내용이다. '부작용의 정치'는 궁극적으로 인간에게 실용주의적 이성을 일깨움으로써만 작용하지만, 그 과정에서 인간을 포함한 생명체와 물체들의 파괴를 통해 정치력을 발휘한다. 말하자면 그렇게 발생하는 파괴는 단순한 자연현상이 아니라, 그 자체로서 산업사회에 대한 성찰이다. 위험은 인간과 물질이 연결되어 산업사회에 대해 '성찰'하는 방식이라고 말할 수 있을 것이다. 따라서 위험에 대한 인간의 실용주의적 대응은 성찰보다는 오히려 '반사'에 가깝다고 벡은 보았다.

그렇다면 이와 같은 실용주의적 반사가 '근대성'과는 어떤 관계에 있는가? 벡은 근대성의 핵심을 '과학'에서 찾았고, 과학의 핵심을 '확실성의 창출'이 아니라 '의심하기'로 보았다.

근대 과학은 주술적 지식에 대한 '의심'으로 시작했으나, 경제적 합리성 및 관료제와 결합하면서 산업사회 구성의 기초로 작용했다. 그리하여 '의심하기'라는 본래의 속성보다는 시스템적 '예측 가능성'이나 '확실성의 창출'을 위한 기초로 제도화되었다. 벡이 대표적인 사례로 제시한 것이 '보험'제도의 출현이다. 산업사회에서 위험은 더글러스가 설명한 바와 같은 주술적 성격을 탈피하여 과학적 예측 시스템 속에 통합되었다. 위험은 리스크로 계산되었고, 과학적 예방이 불가능한 경우에는 경제적으로 보상받을 수 있도록 '보험'제도를 통해 고려되었다. 산업사회에서는 과학적 지식에 근거하여 미래를 예측하거나 통제할 수 있다고 믿었다.

그러나 이러한 믿음이 과학과 근대성에 대한 지나치게 단순한 믿음이었다는 사실을 산업사회의 부작용인 새로운 위험들을 통해 확인하게 되었다. 보험제도 속에서 계산되지 않는 거대 문명위험, 그리고 사회보험의 촘촘한 체로도 걸러지지 않는 생애위험의 출현이 그것이다. 산업사회의 근대성은 지구 상의 생명과 삶을 무차별적으로 위협하는 야만성을 드러내고, 생애위험은 근대적 결속체인 계급과 가족, 국민국가 등

'근대성의 보편적 제도'로 이해되었던 형태들을 공동화했다. 결국 산업사회란 오직 제도화된 일면만을 통해 이해된 '단순 근대성'이다. 그러나 그 이면에서는 야만성과 '타자'들이 지속적으로 생산되기 때문에, 그것은 반쪽짜리 근대성에 불과하고 따라서 그 스스로가 근대화의 대상이 되어야 한다.

현대의 위험사회는 산업사회를 또 다른 근대화의 대상으로 삼는 사회이다. 이와 같은 의미에서 그것은 '성찰적 근대성'의 사회이다. 여기서 '또 다른 근대화'는 지금까지의 근대화 궤도를 단선적으로 확대하는 것을 의미하지 않는다. 말하자면 더 많은 성장, 더 많은 부, 더 많은 전문화, 더 많은 지식을 말하는 것이 아니다. 그것은 지금까지의 근대화 궤도와 '제도적으로' 단절하는 것을 의미한다. 즉 계급과 가족의 결속형태가 개인화하고, 국민국가의 정치는 새롭게 출현하는 '정치적인 것'—하위정치 및 초국적 정치—과 경쟁관계를 형성한다. 그러나 이와 같은 과정은 산업사회의 단순 근대성을 '과학적으로 의심하기' 때문에 여전히 근대적이다. 즉 근대성이 1차적으로 제도화된 자기 자신을 의심한다는 의미에서 '성찰적 근대성'이다.

'성찰적 근대성'은 '단순 근대성'에 대한 대립 개념이지만, 그렇다고 해서 '복잡한 근대성'을 의미하지는 않는다. 근대성을 '복잡성'에 기초하여 재해석한 대표적인 사회학자는 루만이다. 루만은 복잡계 질서 창발의 우연성과 자기준거성에 기초하여 사회를 물질세계와 유사한 방식으로 설명했다. 루만은 사회가 환경 ―생태계뿐만 아니라 사회가 아닌 모든 계를 의미한다― 으로부터 자기준거적 경계를 지속적으로 생산함으로써 체계로 존속할 수 있다고 본 데 반해서, 벡은 위험사회에서 사회와 환경과의 경계는 이미 유동화되고 있다고 설명했다. 문제는 사회의 복잡화가 아니라 유동화라고 본 것이다.

한편 벡은 성찰적 근대성이 근대적일 뿐만 아니라 또한 '해방적으로' 작용할 것이라고 보았다. 여기서 해방은 마르크스주의적인 '궁핍으로부터의 해방'보다는 자유주의적인 '자명성으로부터의 해방'에 더 가깝다. '궁핍으로부터의 해방'은 앞서 본 바와 같이 복지제도의 변화를 통해 제도적으로 해결해야 할 부분이다. 예컨대 사회는 노동 개념의 재정의 등을 통해 최소소득을 보장하는 방향으로 '궁핍'의 문제를 해결할 수 있다.

그러나 규범적 자명성으로부터의 해방이라는 반신분제 원리는 위험사회에서 한층 더 강화된다. 한편으로는 거대 문명위험의 우연성과 포괄성으로 인해서, 그리고 다른 한편으로는 제도 차원의 개인화로 인해서, 산업사회가 지속적으로 생산해 온 '타자'의 범주가 이미 사라지고 있다고 벡은 진단했다. 중산층까지도 광범위하게 위협하는 생애위험의 포괄성으로 인해서, '타자' 개념 역시 집합적 타당성을 잃고 개인화한다. 개인화는 모든 집합적 범주의 '자명성'을 약화시키기 때문에 '타자'범주 자체를 해체하는 효과를 갖는다고 본 것이다.

'위험사회' 단계에서 벡이 주목한 대표적인 '타자'의 범주는 '여성'이었다. 『위험사회』를 쓴 1980년대에는 서구에서 페미니즘의 영향력이 아직 강한 시기여서, '계급'범주 못지않게 '여성'범주의 영향력 약화라는 진단 역시 매우 도전적인 문제제기였다. 벡은 포스트페미니즘의 주장과 유사하게 '여성'이라는 집합적 범주가 중요성을 잃게 될 것이라고 진단했다. 가장 중요한 이유로, 양성 간의 갈등이 생활영역에서의 사적인 이슈로 미시화하면서 개별적인 라이프스타일의 문제로 개인화하기 때문이라고 보았다. 말하자면 벡은 '여성 문제'가 '사랑 문제'로 변화하리라고 보았고, 라이프스타일의 다양성이 한층 강화되면서 '여성'으로서의 집합적 동일성이 약화되리라고 보았다.

이와 같은 입장표명으로 인해서 벡은 계급론뿐만 아니라 페미니즘에 의해서도 비판을 받았으나, 이후 여성의 '성역할' 개념이 집합적 규범의 문제에서 개별적 전략의 문제로 변화한 것은 사실이다. 특히 여성노동력의 수요와 공급이 증가함으로써 전업주부로 고정된 산업사회의 여성 이미지는 타격을 받았으며, 실비아 월비가 주장했듯이 서구에서 '사적 가부장제'는 무너지는 것처럼 보였다. 말하자면 포스트포드주의와 신자유주의에 의해 촉발된 개인화된 생애위험과 함께, 여성들의 성역할 고정관념은 적어도 '규범'의 수준에서는 상당히 유동화되었다. 그러나 벡 역시 지적했듯이, 남성들의 성역할 관념은 거의 타격을 입지 않았다. 또한 복지국가나 기업과 같은 공적 공간에서 가부장제가 여전히 지속된다는 지적들이 끊이지 않고 있다.

4

세계위험사회와 세계시민정치화: 개인화에서 초국화로

『위험사회』에서 벡은 전체적으로 거대 문명위험의 지구적 성격 및 연관성을 강조했지만, 현대사회의 제도변동과 관련해서는 개인화라는 미시화의 경향만을 일면적으로 강조했다. 이것의 이론적 의미는 무엇보다 사회 불평등 및 정치의 성격 변화와 관련되어 있다. 사회 불평등과 관련해서는 기존의 계급·계층론에서 제시한 불평등의 집단적 범주가 현실적인 설명력을 잃는다는 것이고, 정치의 성격변화와 관련해서는 조직과 이념에 기초하지 않는 새로운 정치적 움직임들이 중요한 정치적 세력으로 등장한다는 것이었다. 이와 같은 설명들은 모두 사회 불평등과 정치가 '국민국가' 단위의 문제라는 관점을 전제로 한 것들이다.

벡은 『지구화의 길』이라는 제목으로 국역된 저서를 1997년에 독일어로 발간하면서 경제세계화의 문제를 함께 다루기 시작했다. 말하자면 경제세계화의 문제에 대해서는 상대적으로 뒤늦게 관심을 가진 셈이다. 이 책에서 벡은 『위험사회』

에서 주장한 '거대 문명위험의 지구적 성격'으로부터 도출한 '타자의 종말' 가능성을 '세계시민주의'의 발현 가능성으로 연결시킨 바 있다. 이것은 이후 벡이 주장한 세계시민주의 사회학의 출발점이 되었다. 그러나 앞서 보았듯이, 1999년에 출판된 『아름답고 새로운 노동세계』에서도 여전히 벡은 사회 불평등의 문제를 복지국가라는 국민국가 단위의 문제로 다루었다. 다만 '정치적인 것'의 '개인화'가 '초국화'로 연결된다는 인식은 이미 『아름답고 새로운 노동세계』에서부터 나타나기 시작했다.

사회 불평등의 초국화에 대해 벡이 논의를 시작한 것은 2002년 독일어로 출판된 『세계화 시대의 권력과 대항권력』에서부터였다. 여기서 벡은 자신이 애초부터 '문명위험의 지구화'라는 문제를 제기했음에도 불구하고 사회제도 및 '정치적인 것'의 변화와 관련해서는 여전히 방법론적 일국주의에서 벗어나지 못했다고 스스로 비판했다. 사회 불평등과 국민국가 중심 정치의 문제 역시 지구화의 관점 속에 포괄되어야 '방법론적 세계시민주의'에 대해 말할 수 있다고 선언한 것이다.

『세계화 시대의 권력과 대항권력』에서 벡은 서구사회의 국가들 내에서는 '재화분배'의 불평등과 관련된 계급·계층 등 집합적 불평등의 범주들이 사회·정치적 의미를 잃었지만, 초국적 수준에서는 재화분배와 관련된 '집합적 범주'가 오히려 더 중요한 문제로 부상하고 있다고 설명했다. 중심부 국가의 국민과 주변부 국가의 국민이라는 집합적 범주들이 초국적 수준의 사회 불평등과 관련하여 핵심 문제로 등장하고 있다는 설명이었다. 이것은 무엇보다도 초국적 노동이주의 문제와 세계화된 위험으로 인한 난민의 문제로 표현될 것이었다.

초국적 수준에서 이와 같이 불평등의 집합적 구조가 갖는 중요성을 부상시키는 현상으로서, 벡은 경제위험과 테러위험을 꼽았다. 그리고 이처럼 '불평등'을 야기하는 세계화된 위험들을 '평등화'의 경향을 창출하는 거대 문명위험—특히 기후변화의 위험—과 대비하였다. 세계 경제위기 이후에도 벡은, 예컨대 뉴욕 점령운동으로 촉발된 '1:99'(과거에 양극화는 사회가 20:80으로 나뉘는 것으로 설명되었으나 뉴욕 점령운동 이후에는 1:99로 더욱 심화된 형태로 이해된다)와 같은 일국적 수준의 양극화 확대의 문제보다는 국민국가를 앞세운 각 사회들 간의 경쟁적 경제관계가 초래하는 문제들, 예컨대 유럽통합을 위협하는 독일의

'메르키아벨리Merkiavelli'(이 말은 벡이 만든 신조어로, 독일 총리 앙겔라 메르켈을 마키아벨리에 빗댄 표현이다)적 현상과 같은 문제를 더욱 강조했다.

서구사회에서 다시 강화되는 일국적 수준에서의 양극화는 '재화분배'에 고정된 산업사회의 관점에서만 중요한 문제로 부각될 수 있다. 그러한 문제는, 예컨대 서구사회의 일국적 평등을 강화하기 위해 문명위험과 생애위험을 주변부 국가들에 체계적으로 '외부화'했던 세계 수준의 역사를 간과하게 한다. 『위험사회』에서 벡은 문명위험이 주변부 국가들과 미래세대 모두에게 외부화되어 왔음을 지적했으나, 생애위험은 미래세대의 문제로만 설명했다. 그러나 이제 불평등에 대한 관찰을 초국적 수준으로 확대함으로써, 생애위험이 주변부 국가의 구성원들에게 체계적으로 떠넘겨졌음 역시 부정할 수 없게 되었다. 노동이주와 난민 문제는 그러한 '외부화'의 결과가 부메랑이 되어 되돌아오는 현상이다.

서구사회에서 계급 불평등 구조 자체가 통째로 승강기를 타고 올라가 노동자 계급에까지 부가 확산되는 동안, 생애위험이 계급정치의 틈새로 빠져나가며 개인화하기만 한 것이 아니다. 그뿐만 아니라 국민국가 간 관계의 틈새로도 빠져나가 주변부 국가에 체계적으로 누적되었음을, 역설적으로 신자유주의 세계화 속에서 일자리를 다투는 경쟁자로 부상한 주변부의 값싼 노동력을 통해 확인하게 되었다. 서구사회의 한가운데서 발생하는 초국적 테러 역시 중심부-주변부 간 격차가 만들어 낸 체계적 배제의 결과이다.

세계위험사회에서 '불평등'과 '지배'의 문제는 더 이상 일국적 계급 격차의 문제가 아니다. 그것은 국가들 사이의 문제이며 동시에 개인 수준에서 결정되는 이주와 난민의 문제이다. 말하자면 불평등은 개인화와 동시에 초국화한다. 『위험사회』에서는 포드주의와 포스트포드주의 노동형태의 차이에서 기인한 배제의 문제, 즉 새로운 '시대적' 특징이라는 의미에서 시간 차원의 변화인 '배제'의 문제가 강조되었다면, 세계위험사회 단계에서는 중심부-주변부 국가들 사이 공간의 구조적 격차가 만들어 낸 배제의 문제가 한층 더 강조되었다.

신자유주의 세계화 시대에 '포드주의에서 포스트포드주의로'의 시간적 흐름과 '중심-주변'의 공간 차원은 서로 교차하며 불평등의 시공간을 재구성한다. 그것의 결과는 생애위험의 개인화 및 초국화이고, 이 양방향적 현상을 벡은 세계시민주의 또는 세계시민정치화라는 개념으로 통합하여 설명했다. 개인화하고 초국화한 생애위험이 단순히 무질서와 경쟁의 증폭으로 귀결되지 않고 세계시민적 의미지평의 형성 및 '정치적인 것'의 초국화를 의미하는 '세계시민정치화'로 연결될 수 있는 이유는, 거대 문명위험 —특히 기후변화— 의 '부작용의 정치'가 '평등'과 '해방'을 추동하는 방향으로 작용할 것이기 때문이다.

이런 의미에서 벡은 기후변화를 '해방적 파국'으로 설명했고, 세계위험사회에서 홉스적인 '만인 대 만인의 무질서'가 아니라, 오히려 세계시민적 의미지평의 발현을 예상했다. 세계시민적 의미지평의 형성은 루만의 '세계사회' 개념처럼 '이질성의 증가'만을 의미하는 것이 아니라, 세계시민적 지평에서 새롭게 열리는 민주주의의 가능성을 의미한다. 이런 의미에서 벡은 해방적 파국으로부터 산업사회와는 '또 다른 근대성'이 제도화될 가능성을 전망했다. 그것의 내용은 이제 단순히 '성찰적'일 뿐만 아니라, 세계시민적일 수 있다고 보았다.

1
국민국가 사회 대 세계사회

'위험사회' 단계에서 벡은 앞서도 말했듯이, 사회제도의 변화를 '개인화'의 측면에서만 설명했다. 위험사회란 산업사회의 제도들이 의도된 이념이나 조직의 주도 없이 반사적으로 변화하는 사회인데, 그 변화의 방향이 집합적 범주의 '소멸'이라는 개인화로만 나타난다고 보았던 것이다. 이것은 '정치적인 것의 발명'에 있어서 미시적 방향만을 강조한 것으로서, 위험사회의 새로운 질서를 '개인주의의 급진화가 초래한 카오스'로 보는 관점으로 귀결되었다. 말하자면 카오스 속의 질서는 개인주의의 급진화라는 의미에서 근대성의 급진화된, 또는 성찰적인 질서를 의미했다.

그러나 근대성의 급진화(또는 성찰성)와 관련하여 개인화가 일면적 관찰에 불과하다는 사실을 벡은 신자유주의적 경제세계화의 논의에 참여하면서 비로소 지적할 수 있게 되었다. 벡은 현대사회의 변화를 19세기 사회학의 관점과 비교하면서 설명했는데, 짐멜이 설명했듯이 근대사회의 형성이란 '개인' 뿐만 아니라 '사회' 역시 동시에 형성되는 과정이었다. 그것은 개인과 사회가 서로 구별되지 않은 과거의 '공동체' 형태로부터 '개인'이라는 미시적 차원과 '사회'라는 거시적 차원이 구별되어 나오는 과정이었다.

개인주의 규범의 형성과 동시에 사회라는 새로운 성질의 집합체가 형성되는 현실은 짐멜뿐만 아니라 19세기의 모든 사회학자들을 사로잡은 매우 '있을 법하지 않은'(루만의 표현으로는 비개연적인) 현상이었다. 사회학자들은 이 새로운 집합체인 '사회'의 결합력을 '종교'와 구별되는 '세속적'이고 '정치적'이며 '계산적'인 것으로 생각했다. 여기서 '계산적'이란 '경제적'이나 '과학적'을 의미하는 것으로 이해할 수 있다. 따라서 19세기 사회학의 전통을 따른다면, 또 '산업사회 특유의 집합범주가 소멸되는 과정'이 벡의 설명대로 근대성의 급진화라면, 근대성의 급진화와 그로 인한 카오스의 발생을 '개인'과 '사회'의 양방향에서 예상할 수 있을 것이다.

그러나 『위험사회』에서 벡은 이론모델보다 경험적 관찰을 중시하는 '중범위 이론'을 출발점으로 삼았다. 1960년대 이후 종속이론이나 세계체제론 등의 출현으로 세계 수준에서 '사회'를 설명하려는 시도가 있었으나, 그것들은 대체로 '구조적 관계'를 중시하는 이론적 설명들이었다. 세계 수준에서 새로운 형태의 '사회'가 형성되는 과정은 쉽게 관찰되지 않았고, 루만과 같은 몇몇 이론가의 경우 1970년대에 '세계사회'라는 개념을 제시한 정도였다. 루만은 경제, 과학과 같은 '인지적' 영역을 중심으로 세계 수준의 커뮤니케이션이 가능해지고 있으므로 '세계사회'에 대해 말할 수 있으나, 국민국가라는 '분절적' 제도의 영향력으로 인해서 정치적 수준에서는 세계사회가 형성되기 어렵다고 설명했다.

말하자면 1980-90년대 중반까지는 세계 수준에서의 시민적 교류나 결속이 광범위하게 관찰되지 않았다. '세계여행'은 제한된 규모였고, 세계 수준의 불평등 문제가 정치적으로 이슈화되는 방식 역시 일차적으로 각국의 사회운동 세력들을 통해서였다. 각국 사회운동 세력들 간에 협조가 이루어지기도 했으나, 그것은 벡이 『세계화 시대의 권력과 대항권력』에서 구분한 바와 같이 '국제적'인 성격에 머물 뿐 아직 '초국적'인 협조는 아니었다. 정치적 움직임은 국가를 대상으로 제도

개혁이나 외국에 대한 원조를 요구하는 방식이었다. 말하자면 '국가'의 기능은 오히려 확대되고 있었다.

이러한 경험적 현실로 인해서 벡은 '지구 수준의 위협' 및 새로운 '지구적 평등성'의 출현이라는 시대진단에도 불구하고 '사회'를 여전히 일국적 수준의 현상으로 설명했던 것 같다. 그러나 신자유주의 경제세계화는 기든스가 설명하는 바와 같은 시·공간의 '귀속탈피'를 한층 더 급진적으로 밀어붙이는 계기가 되었다. 영국 등 몇몇 국가에서 애초에는 일국적 경제정책으로 시작된 신자유주의는, 1970년대까지의 추세에 역행하며 '작은 국가'를 지향했다. 그러나 그것의 결과는 단순히 국가 개입의 축소가 아니라 경제 중심의 세계기구들이 '국민국가'라는 정치기구의 경쟁자로 등장하는 방향으로 나타났다.

벡은 이것을 '신자유주의 하위정치'라는 개념으로 설명하고 '개인화' 추세와 관련된 『위험사회』의 '하위정치' 개념과 대비시켰다. 말하자면 『위험사회』에서 하위정치가 과학·경제·생활·문화의 각 영역들과 정치의 영역 사이에 존재하는 기능분화의 경계가 일국적 수준에서 느슨해지는 과정을 의미했다면, 신자유주의 하위정치는 그러한 과정이 '정치'를 체화한 국민국가의 영토적 경계에서까지 일어남을 의미한다. 즉 하위 정치가 기능분화 영역들 간의 경계뿐만 아니라 국경까지도 유동적으로 만들면서 '정치적인 것'을 초국적 수준으로 확대하는 것을 의미한다. 『위험사회』의 하위정치가 신사회운동이나 라이프스타일 변화로 나타나는 '정치적인 것의 개인화'로 연결되었다면, 신자유주의 하위정치는 국경을 위협함으로써 결국에는 '사회'의 개념까지 초국화한다고 설명되었다.

결국 신자유주의 하위정치의 결과는 국민국가 사회와 대립하는 '세계사회'의 형성이라고 벡은 설명했고, 이로써 그는 경험적 사실들에 근거하여 19세기 사회학의 테제들을 업그레이드하는 데 성공했다고 말할 수 있게 되었다. 말하자면 19세기에 그 발생이 사회학적으로 관찰되었던 '개인'은 한층 더 미시적으로 개인화하고, '사회'는 한층 더 거시적으로 초국화하게 되었다고 설명하게 된 것이다. 이렇게 해서, 『위험사회』에서 '산업사회에서 개인과 사회를 매개했던 집합범주'라고 정의되었던 '계급'과 '가족' 옆에 이제 '국민국가'가 덧붙여졌다. '사회=국민국가'라는 일국적 관점이 해체됨으로써, 국민국가는 개인과 사회를 연결하는 또 하나의 매개적 집합범주로 새롭게 정의된 것이다.

이렇게 해서 '세계위험사회' 단계에 오면 개인화는 국민국가라는 집합범주로부터의 개인화로까지 확대되고, 이것은 '개인' 수준으로 향하는 미시화의 확대뿐만 아니라 동시에 '사회' 수준에서의 변화, 즉 거시화의 확대 역시 의미하게 된다. 말하자면 벡이 말하는 세계시민화는 국민국가라는 '사회'의 결속형태와 경쟁하거나 대립하는 '세계사회'라는 새로운 결속형태의 출현을 의미한다. 여기서 '세계사회'는 루만이 사용한 바와 같이 경제와 과학 체계가 주도하는 '사회적 체계들'의 세계화를 의미하는 것이 아니라, '사회적 체계들'의 외부에서 새롭게 발현하며 기존의 제도들을 위협하거나 비판하는 새로운 '규범의 의미지평'을 의미한다.

벡 역시 루만과 마찬가지로 '세계사회'의 출현을 주도하는 것은 경제적 영역이라고 보았다. 예컨대 WTO나 IMF 등은 신자유주의 세계화를 주도함으로써 세계사회의 출현을 가시화한 주도적인 세계기구들이다. 루만의 체계이론에 기초해서 보면, 이들 세계기구들이 주도하는 세계화는 국민국가라는 '분절적 체계'를 압박하며 경제영역 고유의 기능분화를 고조하는 작용을 한다. 말하자면 루만의 이론에 기초할 때, 신자유주의 세계화는 '규범'과 결합된 근대 산업사회의 '분절적 체계들'과 '규범'으로부터 자유로운 '기능분화 체계들' 사이에서 불균등하게 진행되는 기능분화의 세계화 과정이라고 이해할 수 있다. 말하자면 세계화는 '더 많은' 근대화를 의미한다.

반면에 벡이 '신자유주의 하위정치'라는 개념을 통해서 설명하듯이, 벡의 관점에서 중요한 것은 경제체계가 유사 신분제적인 국민국가와 같은 분절적 체계들을 위협하며 세계화를 주도한다는 사실만이 아니라, 이와 같은 과정에서 동시에 경제체계가 정치체계의 '기능'을 침범한다는 사실이다. 말하자면 경제세계화를 통해서 루만이 설명하는 것처럼 기능분화가 세계 수준으로까지 일면적으로 확대되는 것이 아니라, 오히려 정치와 경제 체계 간에 구성된 '기능분화의 경계'가 위협받고 있다는 것이다. 따라서 벡은 루만과 달리 '세계사회'에서 기능분화는 '고조'되는 것이 아니라 오히려 위협받는다고 보았다.

이와 같은 벡의 관점은 '개인화'에 대한 설명에서도 일관되게 찾을 수 있다. 개인화, 특히 성역할에 기초한 산업사회의 핵가족 속에서 개인화가 진행되면서, 벡은 한편으로는 유사 신분제적인 성역할 규범이 위협받는다는 의미에서 근대성이 급진화한다고 설명했다. 그러나 이러한 과정은 동시에 '가족'이나 '생활'의 영역과 '정치'의 영역 간에 튼튼하게 존재했던 '기능분화의 경계'를 약화하는 과정이다. 왜냐하면 가족 및 생활양식의 변화는 제도를 통한 정치적 결정이 불가능한 상황에서 개인적으로 내리는 미시정치적 결정이기 때문이다.

성역할의 변화는 여성 개인들에게는 정치적 의미를 가지며, 그렇기 때문에 여성들은 사회와 제도 수준에서 성역할 변화를 주장했다. 그러나 그와 같은 정치적 요구들이 제도적으로 수용되지 않기 때문에, 여성들은 개인적인 차원에서 가족과 삶의 형태를 바꿀 수밖에 없게 된 것이다. 이와 같은 의미에서 기든스가 '생활정치'라고 표현했던 내용이 벡의 이론에서는 '사회문화적 하위정치'가 되었다. 앞서도 설명했듯이, 정치적 이슈가 생활의 영역으로 확대되었다는 일면의 의미뿐만 아니라, 정치와 생활 사이의 기능분화를 유지시키는 '경계'가 약화되었다는 의미에서 '하위정치'인 것이다.

이와 같은 설명은 계급결속에서 나타나는 개인화의 경우에도 적용할 수 있다. 벡은 계급 개념을 베버의 '사회계급' 개념으로 이해하며, 그런 만큼 전근대적인 공동체적 결속이 근대적으로 거듭난 것으로 계급결속을 이해했다. 말하자면 E. P. 톰슨이 설명했듯이, 계급은 단순히 구조적 결정물이 아니라 생활문화를 공유하는 집단이다. 따라서 계급결속으로부터의 개인화 역시 일정하게 탈신분제적인 성격을 갖는다.

그러나 계급결속은 가족결속과 달리 성역할에 비견될 수 있는 계급 내부의 불평등에 기초한 것이 아니라 오히려 계급 내부의 평등에 기초하기 때문에, 여기서 개인화는 해방적이라기보다는 오히려 생애위험을 증폭하는 작용을 한다. 그러면서도 단지 귀속적인 계급 정체성에 의해서 무반성적으로 정체성이 결정되는 것이 아니라 개개인이 스스로의 정체성을 짜깁기하는 '노동'을 수행해야 한다는 점에서, 개인성의 확대라는 해방적 잠재성을 찾을 수 있다.

계급결속으로부터의 개인화 역시 계급이해를 중심으로 형성된 기존의 정치적 제도들이 수용할 수 없는 '생애위험'과 관련되어 있다는 점에서 '하위정치'와 긴밀한 관계를 갖는다. 노조와 사회민주주의 정당은 다양한 개인적 '짜깁기' 형태들로 변하고 있는 일자리 및 소득 분배의 문제를 전통적인 방식—즉 기능분화의 방식—으로 해결할 수 없다. 그렇기 때문에 이 경우에도 산업(또는 경제)과 생활, 정치와 생활 간의 '기능적 경계'가 약화된다. 개인들은 직업과 생활을 새롭게 배치하거나 새롭게 짜깁기하는—예컨대 결혼이나 출산을 포기하거나 일터와 거주지를 일치시키는 등의—방식을 통해 경제적 위험에 대응하고, 정치적 요구 역시 제도변화보다는 라이프스타일의 변화로 귀결되기 때문이다.

이와 같이 벡은 새롭게 발현하는 '개인화된 세계'뿐만 아니라 '세계사회' 역시 기능분화가 강화되거나 지속된 결과가 아니라, 거꾸로 기능분화의 구조적 경계들이 정당성을 잃는 과정을 보여 준다고 설명했다. 이런 의미에서 벡은 개인화 현상뿐만 아니라 '세계사회' 역시 기능분화 체계들의 '외부'에서 발현한다고 진단했고, 그런 의미에서 제2근대성—즉 루만의 의미에서 '계속되는 기능분화'의 과정('계속근대화')이 아니라, 오히려 스스로를 비판하고 해체하고 새롭게 구성하는 '성찰적' 근대성—의 현상이라고 설명했다.

이것은 거대 문명위험을 산업사회의 기능분화 체계가 '외부화'한다고 설명하는 부분과 일맥상통한다. 말하자면 기능분화된 산업사회라는 사회체계는 문명위험, 생애위험뿐만 아니라 신자유주의 경제위험과 테러위험을 생산하며 그것들을 모두 외부화한다. 그렇게 해서 산업사회의 관점에서는 사회가 여전히 기능분화를 계속하는 것으로 인식되지만, 사실은 기능분화 체계들 사이에서 '정치적인 것'의 누수현상이 발생한다. 이러한 누수현상이 인식될 수 있는 이유는, 외부화된 위험들이 기능분화에 기초한 산업사회의 체계들을 직접적으로 위협하지는 못하지만 개인들의 '삶'과 '국경'을 위협하기 때문이다.

『위험사회』에서 벡은 거대 문명위험이 국경을 '무시'하는 것은 설명할 수 있었으나, '위협'하는 것은 관찰할 수 없었다. 그러나 신자유주의 세계화 이후에 특히 경제적인 이유에서 국경이 위협받는 현상이 광범위하게 나타났다. 경제적 세계기구들과 금융기관들은 국민국가의 주권을 위협하는 '초국적' 정치기구로 작용한다. 말하자면 '위험사회' 단계에서는 개인화만이 국가적 제도정치의 정당성을 위협했으나, '세계위험사회'로 오면 경제세계화로 인해서 경제기구의 초국화 현상이

국가의 정치제도를 위협하기에 이른다. 그러나 개인화와 초국화—또는 세계사회의 발현—는 전혀 다른 방향에서 국가의 정치제도를 위협한다.

개인화는 민주주의를 생활의 영역으로까지 확대할 것을 요구하며 국가의 정치제도에 도전하지만, 신자유주의 경제세계화는 민주주의를 경제원리로 대체할 것을 요구하며 국민국가에 도전한다. 개인화는 '타자의 소멸' 방향으로 '정치적인 것'을 발명하지만, 경제세계화를 계기로 펼쳐지는 세계사회는 경쟁과 갈등의 지평을 초국화함으로써 '메타정치'를 발명한다. 이제 불평등과 타자화는 더 이상 일국적인 문제가 아니라 초국적인 수준의 문제로 등장하게 되었다. 말하자면 세계사회라는 초국적 '사회'의 지평을 출현시킨 것은 『위험사회』에서 기대한 바와 같이 개인화에 기초한 '타자의 소멸'이 아니라, 경쟁과 갈등의 초국화이다. 즉 세계사회는 '타자의 소멸'이라는 세계시민주의의 규범에 의해서가 아니라, 반대로 '세계시민정치화'에 의한 갈등지평의 통일에 의해 발현한다.

2

개인화된 서구사회 대 불평등한 세계사회

벡은 세계사회의 문제를 크게 세 가지로 설명했다. 하나는 '세계시민주의'라는 규범의 문제이고, 다른 하나는 불평등 또는 갈등지평의 초국화를 의미하는 '세계시민정치화'의 문제이다. 마지막으로 지구적 위험에 초국적 방식으로 대응하는 세계위험공동체의 문제를 꼽을 수 있다. 『지구화의 길』에서 처음으로 경제세계화의 문제를 다루면서, 벡은 세계시민주의라는 규범 차원의 문제를 강조했다. 이것은 시·공간의 지구화를 매개로 근대적 시민규범 역시 세계시민적 규모로 확장될 것이라고 기대한 기든스와 시대진단에 있어서 매우 유사한 입장이다. 다만 기든스와 달리 벡은 시·공간의 귀속탈피보다는 지구 전체를 위협하는 거대 문명위험의 영향력을 우선시했다.

그러나 2000년대 들어와 세계시민주의 3부작의 첫 번째 저작으로 출판된 『세계화 시대의 권력과 대항권력』에서 벡은

『위험사회』의 '타자의 소멸' 테제로부터 추출한 '세계시민주의' 규범의 문제보다 '사회'에 대한 인식지평의 변화를 촉구하는 '방법론적 세계시민주의'에 대한 강조로 논의의 초점을 옮겼다. 여기서 벡은 '세계사회'라는 개념을 처음으로 사용하였으나 직접적인 정의를 내리지는 않았다. 자신의 저작 『위험사회』의 핵심 테제 중 하나인 개인화 테제가 사실상 '방법론적 일국주의'에 기초한 편협한 관찰결과였음을 스스로 비판하면서 벡은 이 책에서 사회 불평등의 '개인화하지 않은' 구조가 여전히 존재함을 강조했는데, 그것은 국민국가들 간의 불평등이었다.

벡은 『위험사회』에서 위험이 지구적 수준의 평등성을 창출한다고 관찰하면서도, 즉 위험으로 인해서 지구적 수준의 사회학적 관찰지평이 형성된다고 보았음에도, '사회'의 개념을 여전히 '국민국가'와 동일시하는 오류를 범했다고 자평했다. 불평등의 문제에서 '사회'의 지평을 세계사회로 확장할 경우, 집합범주에 기초한 사회 불평등의 구조는 유동화하기보다는 오히려 두드러진다. 즉 여기서는 개인화가 아니라 오히려 '집합화'의 현상을 강조해야 한다. 말하자면 개인화는 공통의 복지제도를 향유하는 일국적 단위—특히 서구의 국민국가들—내부의 불평등에만 제한되는 현상이다.

특히 경제위험, 테러위험, 기후변화—『위험사회』에서는 세계를 하나의 사회적 지평으로 연결해 주는 '초국적 위험'으로 거대 문명위험만을 거론했으나, 이 책에서는 이 세 가지 수준의 위험으로 세분해서 다루었다—의 위협이 '국민국가'를 매개로 하여 불평등한 결과를 구조화하기 때문에, 세계 수준에서는 개인화보다는 오히려 '불평등의 구조'가 강조되어야 한다고 설명했다. 세계 차원에서 나타나는 이와 같은 불평등 구조의 효과는 이주나 난민 등 국민국가 간 인구 이동의 형태로 나타난다. 여기서 불평등의 핵심 재화는 '국부'와 '복지제도'를 향유할 자격, 즉 '시민권'이다. 부유한 복지국가의 '시민권'은 초국적 위험으로부터의 보다 많은 안전을 보장한다. 말하자면 시민권은 안전과 직결되는 새로운 재화로 등장한다.

시민권이 새로운 핵심 재화로 등장한다는 설명을 벡이 명시한 적은 없다. 그러나 그가 초국적 불평등 구조의 결과로 설명하는 이주와 난민의 문제를 분석적으로 설명하면 결국 '시민권'과 관련된 문제이다. 시민권이 안전 등 다른 재화에 접근하기 위한 열쇠라고 명시적으로 설명한 학자는 공동체주의 철학자인 마이클 월저인데, 그의 개념을 빌려서 벡의 논의를 더 분석적으로 이해할 수 있다. 세계사회 또는 세계위험사회에서 이주와 난민이 구조적 불평등의 결과로 등장하는 이유는, 월저의 개념을 사용하면, 이렇게 시민권이 핵심 재화로 등장하기 때문이다. 다시 말해서, 재화를 둘러싼 갈등은 더 이상 정당에 대한 투표나 집단적 투쟁의 형태로 나타나지 않는다. 갈등은 이주나 난민과 같은 '탈출'의 형태로 시작하여 사회문화적 충돌 및 폐쇄의 형태로 귀결된다.

이와 같이 '시민권'이 핵심 재화로 등장한다는 사실은 이미 국경이 유동화하고 있음을 의미한다. 사회를 국민국가로 고정하는 역할을 했던 강고한 '국경'이 약화됨으로써, 사회의 지평은 국경을 뛰어넘어 확장된다. 그러나 이러한 현상은 '세계위험사회'의 관점에서, 즉 방법론적 세계시민주의에서 출발할 경우에만 관찰될 수 있다. 일국적인 '산업사회'의 관점에서 보면 국민국가는 여전히 강고하다. 따라서 이제 산업사회의 탈바꿈이라는 제2근대성의 문제는 '산업사회 대 위험사회'의 공존과 갈등이라는 프레임으로부터 '방법론적 일국주의 대 방법론적 세계시민주의'라는 방법론적 충돌의 프레임으로 넘어간다. 이제 산업사회와 위험사회가 아니라, 일국적 산업사회와 세계위험사회가 공존하며 갈등하고 있기 때문이다.

이와 같이 방법론적 세계시민주의는 '사회 불평등'을 관찰하는 데 있어서 관찰의 지평이 되는 '사회'가 이미 '세계사회'로 변화했음을 의미한다. 그런 의미에서 벡은 세계사회 특유의 갈등양상인 문화적·종족적 충돌의 현실을 '세계시민정치화'라는 개념으로 설명한다. 그러나 이 개념을 통해서 벡이 무엇보다 강조하고 싶어 했던 부분은, 단순히 그와 같은 구조적 불평등과 갈등이 존재한다는 사실 자체가 아니라, 그와 같은 불평등과 갈등의 '사회적 지평'이 일국적 사회가 아니라 세계사회라는 사실이다. 즉 벡은 '세계시민정치화' 개념을 '세계시민주의' 개념과 구별함으로써, 규범적 통일 대신 오히려 갈등이 존재함을 강조할 뿐만 아니라 동시에 세계 수준의 정치적 지평 또는 사회적 지평이 형성되고 있음을 강조했다.

말하자면 벡이 설명하는 '세계시민정치화'의 개념에는 두 가지 내용이 들어 있다. 하나는 세계 수준에서 불평등 및 갈등이 구조화된다는 것이고, 다른 하나는 불평등과 갈등을 인식하는 데 있어서 '사회'의 지평이 세계 수준으로 확장된다는 것이다. 이 중에서 두 번째의 측면은 규범적 수준에서의 '세계시민주의'로 연결될 가능성을 갖는다. 불평등을 인식하는 의미의 지평이 세계화되었기 때문에 그에 대한 가치판단과 관련된 규범의 지평 역시 세계화될 수밖에 없다. 규범의 지평이 세계사회로 확대된다면, 그것은 모든 인간이 각각의 개인으로서 평등하다는 세계시민주의 규범으로 귀결될 수밖에 없다. 물론 현실 속에서 그것이 실현될 수 있을지는 다른 차원의 문제이다. 그런 의미에서 세계시민정치화는 앞서 말한 첫 번째의 의미, 즉 갈등과 충돌의 현재성 역시 함축한다.

그러나 벡은 이와 같이 '세계시민정치화'의 개념과 '세계시민주의' 개념을 분석적으로 구별한 후 다시 연결시키는 작업을 성공적으로 마무리하지 못했다. 따라서 이와 같은 분석은 필자의 것이고, 그런 의미에서 필자는 벡의 '세계시민정치화' 개념을 다시 '세계시민정치화'와 '세계시민화'로 세분하고자 한다. '세계시민정치화'는 앞서 본 첫 번째의 특성, 즉 갈등과 충돌의 현재성을, '세계시민화'는 두 번째의 특성인 '사회라는 의미지평의 세계화'를 의미하는 것으로 나눌 수 있다. 이럴 경우 '세계시민정치화'와 '세계시민주의' 개념의 연결성이 한결 쉽게 포착될 수 있다.

이주나 난민과 같은 형태의 정치적인 문제는 국가들 간의 불평등 구조에서 기인함에도 불구하고, 그 자체가 '국제적'인 갈등의 성격을 갖지는 않는다. 『세계화 시대의 권력과 대항권력』에서 벡은 '국제적'인 것은 국민국가 체제 속에서 국민국가들 사이의 정치적 관계를 의미한다고 규정했다. 이와 달리 세계사회나 세계시민화의 지평은 국경 자체를 약화하기 때문에 오히려 '초국적'이다. 이주와 난민과 같은 '초국적' 정치현상은 국가 정치기구의 의결을 거쳐서 발생하지 않는다. 그것은 개인들의 결단에 기초한, 말하자면 개인화된 형태의 정치적 현상이다. 서구에서 관찰되는 라이프스타일의 정치와 비교할 수 있을 만큼 개인적인 결정을 매개로 촉발되고, 또한 그와 마찬가지로 제도 수준에서 문제를 인식하거나 해결책을 제시하지 못하기 때문에 그와 같은 초국적 정치현상은 개인들 수준에서 발생하는 새로운 미시적 정치의 형태이다.

이런 점에서, 국가들 간의 집합적 격차가 문제 발생에서 핵심적임에도 불구하고 이주와 난민의 문제는 '초국적'인 동시에 '개인적'인 정치, 즉 제도정치 또는 국민국가의 정치제도를 거시와 미시의 양방향으로 격파하는 '세계시민적' 성격을 갖게 된다. 이주와 난민으로 인한 정치적 갈등은 송출국과 유입국 사이의 집단적인 정치적 문제로 여겨지지 않고, 오히려 다양한 문화적·역사적 배경과 상이한 국적을 가진 개인들의 '삶'의 문제로 이해된다. 말하자면 그것은 문화와 풍습과 정체성의 충돌이라는 형태로 나타나고, 그런 의미에서 서구 개인화의 결과인 '사회문화적 하위정치'와 유사성을 갖는다. 기든스의 개념을 빌리면, 이 역시 분배정치보다는 오히려 '생활정치'의 양상으로 나타난다는 것이다.

기든스와 달리 벡은 이와 같이 '정치적인 것'을 '구조적 분배'의 문제에서 '개별적 삶'의 문제로 바꾸는 기제를 '귀속탈피'에서만 찾지 않고, 오히려 '지구적 규모의 위험'에서 찾았다. 분배의 정치가 경제적 차원의 의제라면, 삶의 정치는 철학적이고 규범적인 차원의 문제까지 포함한다. '정치적인 것'이 개인들의 삶이라는 형태로 표현되기 때문에, 이제 철학적이고 규범적인 ─기든스의 개념을 사용하면 '호혜성'의─ 문제가 초국적 차원에서 개인화한 사람들 사이의 문제로 변화하게 된다. 말하자면 '사회'의 세계시민적 의미지평이 형성되는 것이다. 즉 세계사회는 세계시민화한다. 『세계화 시대의 권력과 대항권력』에서 설명하듯이, '인권'이라는 프레임이 초국화·개인화한 정치의 핵심으로 등장하고, 세계 속에서 충돌하는 개별적 인간들 사이의 관계라는 새로운 사회적 지평이 펼쳐지는 것이다.

이러한 지평이 펼쳐지는 양상이 앞서도 말했듯이 새로운 규범의 '발현'보다는 오히려 갈등과 충돌의 카오스적 형태를 띠기 때문에, 이것을 규범으로서의 세계시민주의 개념과 연결하기는 쉽지 않다. 이러한 갈등으로부터 세계시민적 규범이 발현하기 위해서는 초국적 카오스 상태에 놓인 개인들을 결속시킬 수 있는 어떤 계기가 필요하다. 즉 국적과 같은 '타자'의 범주를 약화할 만큼 강력하고 포괄적인 충격이 필요하다. 벡은 이와 같은 계기 또는 충격이 '지구적 위험'이고, 특히 그 중에서도 기후변화라고 설명했다. 왜냐하면 신자유주의 시대에 부각되는 또 다른 두 가지의 '지구적 위험', 즉 세계 경제위험과 초국적 테러위험은 세계시민적 결속을 촉발하기보다는 오히려 국가나 종교, 문화 등에 기초한 집합적 '타자'의 범주들을 다시 강화하는 방향으로 작용할 것이기 때문이다. 벡은 신자유주의 세계화로 인해 세계시민주의 규범이 발현할 것이라는 단선적 근대화론의 입장을 취하지 않았다. 그는 오히려 경제와 테러는 경쟁을 강화하고 위험을 증폭할 것이라고 예상했다.

3
일국적 시민사회 대 세계시민화

'세계사회'의 마지막 내용을 이루는 '세계위험공동체'는 이와 같이 '지구적 위험'을 매개로 해서 형성되는 세계사회의 새로운 결속형태를 보여 준다. 말하자면 세계위험공동체는 세계시민적인 '결사'의 형태라고 할 수 있다. 자본주의 산업사회의 '유기적' 결사형태가 노동 분업에 기초한 '협동적 생산'으로부터 출현했고 그것이 '국민경제'의 형성으로 귀결되었다면, 세계위험사회에서는 기후변화라는 거대 문명위험을 해결하기 위해서 민주주의를 초국적·개인적 양방향의 수준으로 확장하는 새로운 시민적 결사의 형태가 등장한다.

태동하는 산업생산에 기초한 산업사회에서 농촌에 근거를 둔 전근대적 공동체를 위협하는 새로운 사회적 결속의 형태가 도시를 중심으로 형성되었다면, 세계위험사회에서는 생산노동 중심의 기능적 결속을 비판하는 새로운 결속형태가 지구적 위험에 대응하는 초국적 움직임에 의해 태동한다고 보았다. 근대 초에 이와 같이 새롭게 등장한 '시민적' 결속의 형태는 민주주의라는 정치형태를 기능적으로 제도화하는 방향으로 발전했다. 그러나 현대사회에서 새로운 결속은 제도화된 민주주의에 도전하는 '성찰적' 형태로 출현한다. 『세계화 시대의 권력과 대항권력』에서 벡은 무엇보다도 개인의 인권이나 지구의 생명권을 옹호하는 다양한 초국적 옹호운동의 형태로 새로운 '세계시민적' 결속에 대해 설명했다. 그것은 특히 일국적 시민정치 제도와 경쟁하는 '정치적' 성격을 갖는다.

4
제도정치 대 '정치적인 것'

벡은 산업사회의 관점에서 볼 때, 초국적 옹호운동을 민주주의 정치형태로 볼 수는 없다고 설명했다. 그것은 대의제를 통해 구성되거나 권한을 위임받지 않기 때문이다. 그러나 그 성질에 있어서 보다 역동적이고 제도적으로는 아직 불확정적인 '정치적인 것'의 개념을 이미 제도적으로 확정된 '정치'의 개념과 대비함으로써, 벡은 민주주의 역시 일국적이고 대의적인 제도의 틀을 뛰어넘어 초국적으로 확대될 수 있다고 보았다. 말하자면 근대성의 정치적 성격은 산업사회의 '정치'제도에 제한되지 않고 '정치적인 것'으로 확대될 수 있다는 의미이다.

이와 같은 설명은 『위험사회』에서 민주주의가 개인들의 삶 차원으로 미시화한다고 본 것과 정확히 반대 방향을 취하고 있다. 민주주의는 일국적 단위에서 개인 삶의 풀뿌리로 확대될 뿐만 아니라, 초국적 수준으로도 확대된다. 다만 그것이 어떤 제도적 형태를 띠게 될 것인가는 현재가 아닌 미래의 문제일 뿐이다. 벡은 이와 같은 방식으로 근대 정치의 제도적 차원과 원리적 차원을 구별할 수 있다고 본 것이다. 그리고 근대 정치의 원리를 민주주의의 '정신'과 동일시했다. 세계위험사회에서 새로운 사회형태를 출현시키는 것은 더 이상 산업사회의 '자본주의 정신'이 아니라, 근대성의 저변을 흐르는 '민주주의의 정신'이라고 본 것이다.

말하자면 산업사회가 산업생산과 자본주의 정신에 기초하여 근대성이 제도화된 형태라면, 세계위험사회는 파멸위험에 대항하는 민주주의 정신에 기초하여 근대성을 제도화하게 될 것이다. 민주주의의 미시화 및 초국화를 통하지 않고서는 인류와 지구의 생명체 전체를 위협하는 위험을 가장 사실에 가까운 방식으로 인식할 수 없기 때문이다. 말하자면 세계위험사회에서 과학의 '과학성'을 보장하는 것은 더 이상 전문가 시스템이나 학계의 합의가 아니라 양방향으로 확대된 민주주의이다. 거대 문명위험의 위험성을 가장 과학적으로 관찰하기 위해서는 문명에 위협받는 당사자들을 초국적 수준에서 고려하지 않을 수 없다.

이와 같이 벡은 '세계위험공동체'라는 개념을 통해 산업사회의 일국적 시민사회와 비교할 수 있는 '세계시민사회'의 발현을 예상했다. 또한 그것이 근대성 초기와 같이 '혁명'을 통해 발생하는 것이 아니라, 개인화된 결단에 기초한 '정치적인 것'과 제도에 기초한 '정치'가 대결함으로써 근대성이 스스로 탈바꿈하는 방식으로 발생한다고 보았다. '정치적인 것'이 일국적 수준에서든 초국적 수준에서든 개인화된 결단에 기초하기 때문에, 그것은 초국적 옹호운동과 같이 명백히 '정치적'으로 보이는 방식으로만 표현되지는 않는다. 말하자면 '세계시민적'인 새로운 결속은 사회적인 형태로도 나타난다.

대표적인 것이 '세계가족'과 '종교의 개인화' 현상이다. 벡은 '돌봄의 지구적 연쇄구조 형성'이나 출산의료산업이 야기하는 '재생산 관계의 지구화' 현상 및 세계화된 장기매매 시장 형성과 같은 '생명정치'의 측면에서 '세계시민정치화' 개념을 제시했다. 말하자면 '사회'의 의미지평이 초국화하는 현상은 앞서 말했듯이 사회적 갈등들이 첫째, 지구적 규모에서, 둘째, 개인들 사이의 문화적 이질성의 문제로 등장하면서 시작되는데, 이러한 갈등들은 무엇보다도 작업장보다는 일상의 삶·생명과 관계된 문제들로 두드러진다. 세계시민적 갈등은 산업사회의 갈등과 달리 '산업관계'를 중심으로 삼지 않는다. 노동이주로 인한 사회적 갈등 역시 노동관계를 둘러싼 계급적 갈등보다는 오히려 문화적이고 종교적인 양상을 띤다.

이와 같이 세계시민적 지평에서 새롭게 나타나는 '정치적인 것'의 양상은 국민국가화한 산업사회 계급구조의 '외부'에서 발생하며, 동시에 '세계계급' 관계의 형성으로 귀결되기보다는 오히려 '세계가족'이나 인권의 문제 또는 종교적 갈등의 형태로 나타난다. '세계가족'이란, 출산과 돌봄, 건강을 구성요소로 하는 인간 재생산의 영역이 익명의 외국인을 포함하는 세계화된 관계 속으로 외주화 및 확대된 결과를 의미한다.

예컨대 서구사회에서 돌봄이 외주화됨으로써, 가족 기능은 지구화된 연결망의 형태 속에서 '귀속탈피'된 형태로 수행되며 지구 반대편의 이질적인 가족들을 사생활의 영역 안으로 끌어들인다. 사생활은 더 이상 그냥 '사생활'이 아니라 지구적으로 연결된 고용관계를 포함하는 산업으로 변화한다. 출산의료산업은 가족 형성의 과정 역시 그와 같은 방식으로 지구화한다. 가족 형성의 발단인 사랑의 감정 또한 국경 안에서만 상대를 구하지 않고 초국화한다. 가족을 부양하려는 열망은 오히려 가족을 세계 속으로 이산시키고 일상 속으로 다양한 문화요소들을 유입시켜서, 그 속에서 정체성을 유지하기 위해 끊임없는 '구별 짓기'와 '개념정의'의 노동을 수행토록 한다. 장기이식으로 건강을 유지하는 몸 역시 세계 반대편의 두 몸을 익명적으로 연결할 뿐만 아니라, 세계 불평등의 구조를 개인의 몸의 문제로 미시화한다.

말하자면 '정상적인 가족'과 '건강한 삶'에 대한 기대가 역설적으로 가족과 생명 영역의 지구적 산업화를 추동하고, 동시에 그 과정에서 지구적 불평등이라는 거시적 문제는 사생활의 영역 속으로 미시화한다. 메타 수준의 불평등 구조와 미시 수준의 '삶'을 연결하는 새로운 매개제도들이 형성되고, 동시에 불평등의 구조는 산업과 생활 사이의 기능적 경계를 허물게 된다. 말하자면 세계시민적 의미지평은 산업사회의 기능적 경계들을 허무는 카오스로 나타나며, 그 속에서 새롭게 발현하는 매개제도들은 '세계가족'이라는 초국화된 연결망과 장기이식과 출산의학으로 초국화된 몸 및 생명현상을 생산하는 '과학'이다.

앞서도 말했듯이 『위험사회』에서 벡은 계급이나 가족과 같은 매개제도들이 해체되는 '개인화'의 방향만을 강조했는데, '세계위험공동체'의 개념을 통해서 이제 '초국적으로 형성되는 새로운 매개제도들'에 대해서도 설명하게 된 것이다. 이와 같이 『위험사회』의 핵심인 개인화 테제는 이후 세계시민주의 사회학으로 확대되었다. 벡이 위험사회에서 개인화 방향으로 해체된다고 보았던 제도들은, 산업 불평등의 핵심인 계급 및 산업사회의 재생산을 위한 기본 제도인 '정상가족'이었다. 반면에 이제 새롭게 형성된다고 본 초국적 수준의 매개제도는 산업의 측면에서는 '과학'이고, 생활의 측면에서는 '세계가족'이다. 이와 함께 불평등 구조가 초래하는 사회적 효과 역시 산업의 영역에서 과학과 생활의 영역으로 이동한다.

벡이 『위험사회』에서 개인화의 정치적 결과로 보았던 사회문화적 하위정치로서의 라이프스타일 변화와 신사회운동은 이제 '세계가족' 및 '종교의 개인화' 현상, 그리고 초국적 사회운동 연결망의 형성을 통해 세계시민적 지평으로 확대되었다. 가족이 개인화를 통해 단순히 해체되는 것이 아니라 '세계가족'으로 사회적 지평을 확대하며, 종교는 세속화라는 단선적 방향으로 '계속근대화'하는 것이 아니라 개인화를 통해 오히려 세계시민적 지평과 내용을 얻게 된다. 또한 위험에 저항하는 개인화된 정치적 활동들 역시 초국적 연결망을 통해 세계시민적 연관성을 갖게 된다고 보았다. 이렇게 초국적 수준에서 연결되는 사회적·정치적 갈등 및 경험들을 통해서 근대성은 이제 '성찰적'일 뿐만 아니라 동시에 세계시민적인 성격을 갖게 되리라고 진단한 것이다.

말하자면 『위험사회』에서 부정의 방식으로 '또 다른' 근대성이라고 표현했던 것이 이제 긍정의 방식으로 '세계시민주의'의 내용을 가질 것으로 기대되었다. 그러나 벡은 예컨대 '제국'이나 '세계공화국'의 형태로 세계국가가 출현하리라고는 보지 않았다. 국민국가는 내용적으로 초국화하나, 제도적으로는 쉽게 소멸하지 않는다. 이것은 『위험사회』에서 위험사회와 산업사회가 공존하고 있다고 진단한 것과 유사하다. 세계시민적 사회지평의 형성 및 그에 대한 윤리적·규범적 요구의 출현은 국민국가 중심의 기존 정치제도와 공존하고 경쟁하며 충돌한다. 말하자면 국민국가로 제도화한 산업사회와 세계시민적인 사회적·정치적 지평을 형성하는 위험사회는 공존하며 충돌한다.

벡은 여기서도 탈바꿈이 진행된다고 설명했다. 『위험사회』에서 탈바꿈을 주도한 것이 거대 문명위험과 미시적 생애위험이었듯이, 이제 세계시민적 사회로의 탈바꿈을 주도하는 것 역시 기후변화로 대표되는 거대 문명위험과 세계 수준의 불평등 구조에 의해 창출되는 사회문화적 갈등이다. '위험사회' 단계에서 벡은 서구 복지제도의 존재로 인하여 규범적 연결성 속에서 탈바꿈이 일어난다고 보았고, 그 결과 거대 문명위험과 생애위험은 둘 다 민주주의의 급진화로 연결될 수 있다고 보았다. 그러나 이제 규범적 이질성과 갈등이 공존하는 세계시민적 지평에서는 복지국가 형태로 '제도화한 개인주의'의 규범적 연속성은 생각할 수 없다. 세계시민적 갈등의 내용이 무엇보다도 규범적인 것이기 때문이다.

따라서 세계시민적 '사회'의 지평에서 탈바꿈은 새로운 규범과 새로운 윤리를 찾는 방식으로 이루어질 수밖에 없고 이와 같은 과정을 추동하는 것은 필자가 협의의 '세계시민정치화'로 표현한 규범적 갈등의 현상들이다. 말하자면 세계시민적 규범은 첨예한 갈등을 통해 형성될 수밖에 없다. 그러나 벡은 그러한 갈등 및 그와 연관된 초국화된 테러, 극우주의의 강화와 같은 새로운 위험들에도 불구하고 세계시민적 규범의 형성이 가능하리라고 진단했다. 그것은 기후변화와 같은 거대 문명위험의 위협을 통해서 가능하다. 『위험사회』에서 개인화 현상이 '타자의 소멸'로 연결될 가능성을 거대 문명위험에 의해 창출되는 '지구적 평등성'을 매개로 하여 설명했듯이, 세계시민적 갈등과 충돌 역시 '지구적 운명'을 창출하는 기후변화 등의 거대 문명위험을 매개로 가능하다고 본 것이다.

기후변화 등의 거대 문명위험은 재화뿐만 아니라 위험의 분배에서도 국민국가 간의 세계적 불평등 구조가 핵심적이라는 사실을 점점 더 선명하게 드러내지만, 동시에 인간의 과학이 창출한 거대위험 앞에서 세계가 점점 더 공동의 운명체가 되고 있음 역시 선명하게 확인시킨다. 기후변화는 난민과 이주와 문화적 충돌을 발생시키는 동시에 '인류'가, 그리고 인류와 함께 '지구'라는 행성 자체가 하나의 운명공동체가 되고 있음을 인식시킨다. 이 점에서 벡은 국민국가 단위의 폐쇄성과 경쟁을 오히려 강화하는 초국적 경제위험 및 초국적 테러위험을 기후변화와 같은 초국적 문명위험과 기본적으로 구별한다.

세계시민주의 규범과 윤리는 기후변화와 같은 위험을 통해서만 가능하다. 이와 같은 의미에서 산업사회의 부작용인 문명위험은 세계시민적이지만, 산업사회의 작동방식이자 그것의 초국화된 형태에 불과한 세계 경제위험은 극우주의의 토양이 될 뿐이다. 세계화된 산업사회 불평등 구조의 결과인 초국화된 테러위험 역시 '인권'과 '인류'를 핑계 삼아 벌이는 국제정치의 헤게모니 싸움과 근본주의 간의 대결을 부를 뿐이다. 이와 같이 벡은 '세계시민주의' 규범의 출현은 갈등을 통한 '세계시민정치화'로만은 불가능하며, 이에 더하여 기후변화라는 '해방적 파국'을 출발점으로 삼을 때에만 가능하다고 보았다. 이와 같은 관점에서 벡은 세계시민주의라는 규범적 개념과 세계시민정치화라는 현실적 개념을 구별했다.

또한 이와 같은 맥락에서 벡은 '새로운 규범세계를 여는 재난'이라는 의미로 기후변화를 '해방적 파국'이라고 설명했다. 여기서 파국으로 번역된 격변설catastrophism은 단순한 재난이 아니라, 빅뱅과 같이 새로운 세계를 여는 파괴적인 동시에 발생적인 재난을 의미한다.

기후변화라는 '해방적 파국'과의 관련성 속에서, 벡은 신자유주의 경제화를 주도하는 세계적 경제기구들조차도 국민국가와 경쟁하면서 초국적 위험공동체로 탈바꿈할 수 있다고 보았다. 말하자면 '해방적 파국'이란 어떤 구조적 당파성도 미리 전제하지 않을 만큼 포괄성을 갖는다. 신자유주의의 주도세력인 초국적 경제기구들조차 기후변화를 매개로 해서는 실용적인 연대의 대상이 될 수 있다고 본 것이다. 이와 같이 세계위험사회에서 '정치적인 것'은 어떤 본질적인 '응고'의 형태도 갖지 않는다.

마르크스가 신분제 사회를 파괴한 자본주의의 위력에서 계급화의 위험뿐만 아니라 '해방'의 기제 역시 보았듯이, 벡 역시 신자유주의 세계화의 회오리 속에서 '만인 대 만인의 투쟁'이라는 홉스적인 '원초적 상황'의 귀환뿐만 아니라 유사 신분제적 제도로부터의 개인화 및 세계시민화라는 '해방'의 계기를 보았다. 마르크스가 생산관계의 구조를 파괴함으로써 생산력을 해방하고 평등과 자유를 완성할 수 있다고 보았다면, 벡은 생태적 위험 앞에서 실용주의적 연대를 통해 세계시민적인 자유의 세계를 열 수 있다고 보았다. 아마도 이렇게 유토피아적이고 변증법적인 사고방식의 유사성으로 인해서, 루만은 벡이 마르크스를 자기 식으로 유용했다고 비판한 것이 아닌가 한다.

5
유럽연합

기든스와 마찬가지로 벡 역시 유럽연합을 세계시민주의적 기획으로 이해했다. 이것은 예컨대 피에르 부르디외가 참여했던 프랑스의 시민단체 아탁attac의 입장과는 사뭇 다르다. 프랑스 아탁은 유럽헌법을 유럽의 신자유주의화 기획이라고 비판하며 국민투표에서 부결되도록 총력을 기울였고, 결국 자신들의 의지를 관철한 바 있다. 자본주의 산업사회의 근대 문명은 유럽을 세계의 산업 중심지로 만든 동시에, 전쟁의 중심지로도 만들었다. 말하자면 근대화는 문명의 측면에서만 이루어진 것이 아니라, 악의 측면에서도 진행되었다. 신분제가 무너지고 개인이 형식적으로 평등한 정치적 시민의 지위로 일반화되었을 뿐만 아니라, 경제적 착취와 집단적 배제, 전쟁과 살육 역시 근대화했다. 집합적 '타자'의 범주가 체계적으로 생산되었던 것이다.

서구사회 내부에서 집단적 타자는 '가톨릭 대 개신교'의 종교적 범주에서 시작해서, 계급, 성, 민족, 유대인, 공산주의자 등 다양한 형태로 발전했다. 수십 년간 지속된 종교전쟁은 국민국가라는 세속정치의 제도화를 통해 종식되었고, 계급적 적대관계는 여성을 공적 영역으로부터 추방하고 성역할 분리를 보편화함으로써 완화되었다. 또한 국민국가가 복지국가로 변화하는 과정 속에서 계급적 적대관계는 해소되었다. 그러나 국민국가의 정착과정에서 파괴적인 민족 정체성이 형성되었고, 이방인과 외국인이 배제되었다. 국적이 같아도 종족이 다르면 공격을 받았는데, 유럽 전체를 통틀어서 유대인의 지위가 그와 같았다. 유대인만큼 알려지지는 않았으나 집시의 지위 역시 그에 못지않았다. 유대인과 집시는 유럽문명의 '타자'가 되었고 2차 대전이 종결될 때까지 체계적으로 억압받거나 살육되었다. 냉전 기간 동안에는 공산주의가 서구의 새로운 '타자' 집단으로 등장했고, 냉전 종식 이후에는 이슬람 세력이 다시 한 번 문화적 타자로 등장하고 있다.

근대 이전에 유럽은 왕조, 귀족, 로마 교회가 줄다리기를 하는 복잡한 정치적 형세를 특징으로 하는 봉건제 사회였다. 여기에 중세 특유의 도시가 발달하면서 이후 봉건 영주로부터 자치권을 행사하는 도시 지배층까지 형성되었다. 이렇게 분권적인 중세 유럽에서 왕가는 왕국의 국경과 무관하게 유럽 전역에 걸쳐 연결되어 있었으며, 왕은 교회와 귀족들에 의해 선출되었다. 산업화와 함께 국민국가가 형성되는 과정에서도 왕가는 범유럽적인 친족관계를 유지하고 있었다. 이와 같이 복잡한 정치지형으로 인해서, 유럽에서 '민족' 또는 '국민'이란, 베네딕트 앤더슨의 표현대로 근대화 과정에서 '상상된 정치공동체'로 출현했다.

'민족' 또는 '국민'이라는 집합적 정체성이 이와 같이 상상, 즉 의식적 구별 짓기를 통해 형성되는 과정은 '타민족'과의 전선을 만들어 내는 과정이었다. 말하자면 유럽에서 국민국가란, 종교전쟁과 계급투쟁이라는 범유럽적 전선을 약화함과 동시에 민족을 중심으로 전선을 재편하는 또 다른 편짜기의 과정이었다. 이에, 독일의 법학자 칼 슈미트는 근대 정치의 핵심을 내 편과 네 편을 가르는 편짜기 및 전선의 형성이라고 설명했다. 근대 서구의 민족 형성과정에서 이러한 편짜기의 가장 비극적인 귀결은 과학을 최대한 활용한 나치의 잔인한 인종말살정책이었다. 근대화한 유럽 땅에서 벌어진 잔악하고 과학적이며 국가 중심적인 반인륜적 '정치'의 재난을 뒤로하고, 2차 대전 이후 유럽에서는 유럽을 중심으로 국민국가들 간의 대결을 제어함으로써만 유럽에 평화를 정착시킬 수 있다는 믿음이 확산되었다.

이러한 전통 속에서 유럽연합은 민족 중심주의가 유발한 근대적 재난을 막기 위한 정치적 방편으로 구상되었다. 인종말살이라는 근대 정치의 재난은 '생명말살'을 겨냥한 '생명정치'의 현상이라고 할 수 있다. 아무런 문명적 이유 없이 인간을 한낱 생물학적 존재로 규정하여 종의 지속성이라는 자연현상에 개입하려는, '과학발전'이 없었다면 불가능했던 지극히 근대적인 재난이다. 아마도 이런 이유에서 벡은 과학에 기초한 거대 문명위험을 무엇보다도 반유대주의라는 근대성의 이면과 연결시켜서 생각했던 것 같다.

정치적이고 문화적인 측면에서 보면 유럽통합은 이와 같

이 근대 문명이 생산한 잔악한 위험에 대처하는 방안으로 이해될 수 있으나, 유럽통합에 이르는 제도적 과정은 경제공동체에서부터 시작했다. 1951년 파리에서 프랑스, 서독, 이탈리아, 벨기에, 네덜란드, 룩셈부르크가 석탄 및 강철 자원의 공동관리에 대한 조약을 비준함으로써 유럽석탄철강공동체가 결성된 것이 유럽통합의 제도적 첫걸음이었다. 1957년에 결성된 유럽원자력공동체와 유럽경제공동체가 1967년 유럽석탄철강공동체와 합병되고 영국, 아일랜드, 덴마크, 그리스, 스페인, 포르투갈이 합류하면서, 유럽공동체(EC) 체제로 이행되었다. 독일이 통일된 후 1993년에 유럽연합(EU)이 발족하여 유럽공동체의 뒤를 이었고, 2007년 프랑스와 네덜란드에서 거부된 유럽헌법을 대신하여 리스본 조약이 체결됨으로써 정치공동체로 자리 잡았다.

이와 같이 유럽통합은 그 명분에 있어서는 유럽 땅에서 전쟁을 종식시키고 평화를 달성하겠다는 숭고한 의지와 관련되어 있으나, 그 제도화 과정은 유럽의 경제 재건과 위상 회복을 강조하는 방향으로 이어졌다. 2차 대전 이후 미국이 경제대국으로 부상했을 뿐만 아니라 1990년대 들어서는 동아시아와 남미의 국가들이 세계 경제의 새로운 경쟁자로 등장하면서, 유럽연합은 다사다난한 정치적 통합보다는 경제적 현대화와 신자유주의적 유연화를 한층 더 강조하게 되었다. 그러나 유럽의 발전 방향에는 세계 경제 속에서의 생존 압력뿐만 아니라, 복지국가 제도를 발전시켜 온 유럽 특유의 역사가 중요한 영향을 미치고 있다.

미 대륙이나 동아시아 사회들과 달리 계급대립의 정치적 과정을 통해 형성된 유럽의 복지제도는 에스핑-앤더슨의 분류대로 자유주의, 사회민주주의, 조합주의, 가족주의 등의 다양한 형태로 정착되었다. 벡은 유럽이 제국주의와 유대인 학살이라는 공통의 기억과 책임을 나눈다는 사실 외에도, 복지국가를 제도화한 유럽의 역사에 기초하여 유럽연합을 세계시민주의의 선도적인 실험실로 평가했던 것 같다. 에스핑-앤더슨과 달리 벡은 복지국가의 유형을 구별하지 않고, 그것의 핵심을 '제도화된 개인주의'로 이해했다.

제도화된 개인주의란 계급투쟁의 결과물이 복지혜택을 받을 '권리'라는 개인주의적 방식으로 제도화했음을 의미한다. 복지제도의 근원은 계급정치였으나, 그것의 결과는 개인 '권리'의 확장으로 '법제화'되었다는 말이다. 근대 '법'은 '권리'와 일맥상통하는 개념이기 때문에, 법치주의의 테두리 속에서 '권리'의 형태로 보장되는 계급적 혜택은 '개인주의적으로 제도화한' 집단적 혜택이라고 설명할 수 있다. 유럽의 복지국가들이 이와 같이 '노동자'의 개념에 기초하고 노동이력에 준하여 법적으로 '사회권'을 보장한다는 점에서, 그것이 자유주의적 특성을 갖건 가족주의적 특성을 갖건 일단 복지국가는 노동자 개인들의 삶을 지원한다고 말할 수 있다.

여기서 '개인주의' 개념과 관련하여 문제가 될 수 있는 부분은 '전업주부'의 위치에서 남편의 지위에 구속되어 복지혜택을 받는 여성들의 경우이다. 앞서도 말했듯이, 이 부분과 관련하여 벡은 페미니스트들로부터 비판을 받곤 했다. 현대로 오면서 '전업주부'와 같은 전통적 성역할 규정이 약화되고 여성들도 점점 더 직접적으로 국가에 사회권을 요구하는 노동인구가 된다는 것이 벡이 설명하는 '개인화'의 내용 중 하나이기 때문에, 벡은 페미니스트들의 이와 같은 비판에 정식으로 대응하지 않았던 것 같다. 말하자면 벡은 '위험사회'에서는 '산업사회'에서와 달리 여성들의 경제활동 참여가 증가하고, 성역할이 유동화하며, 시간주권의 측면에서는 오히려 여성들이 남성들보다 유리할 수도 있다고 보았던 것 같다. 신자유주의 세계화 과정에서 남성들의 전일제 노동시간은 점점 증가한 데 비해서, 여성들의 노동시간은 시간제 형태로 유연화했기 때문이다.

또는 세계위험사회에서는 오히려 전통적인 여성의 성역할에 기초한 일자리들이 증가하는 추세이기도 하다. 돌봄의 지구적인 연관관계 속에서 노동력을 제공하는 사람들은 주변부 국가들의 전통적인 여성들이다. 결혼이주뿐만 아니라 노동이주의 규모에서도 여성들이 남성들을 따라잡고 있다. 돌봄은 단순히 육아의 영역에 한정되지 않고 인구 고령화의 추세 속에서 노인 돌봄과 간병의 영역으로까지 급속하게 확산되고 있다. 그러나 여성이 이렇듯 노동력으로 유입되는 과정에서도 노동시장의 성별 격차는 변하지 않고 오히려 확대되는 측면조차 있기 때문에, 에스핑-앤더슨처럼 사회민주주의와 보수주의(또는 조합주의)의 복지제도 형태를 구별하는 것은 의미가 있다. 말하자면 '산업사회' 역시 지속되고 있기 때문에, 산업사회 형태의 성차별은 사라지지 않는다.

『아름답고 새로운 노동세계』에서 벡이 설명하듯이, 세계위험사회에서 유럽 복지제도의 방향은 시민들이 시간주권을 확보하고 '생산자'보다는 오히려 '정치적 존재'로서의 정체성을 보장받는 방향일 수 있다. 그러나 그런 방향을 취하는 것 자체가 '위험사회'뿐만 아니라 동시에 '산업사회'에도 살고 있는 국민들의 의사에 달려 있으며, 설사 그런 방향을 취한다고 해도 이주민과 난민에게까지 복지의 혜택이 미치는 것은 또 다른 문제이다. 『세계화 시대의 권력과 대항권력』에서 이미 벡은 신자유주의의 세계화된 '산업사회'에서 유럽이 이주민과 난민을 배제하는 요새를 구축하고 있으며 그와 함께 우익 포퓰리즘이 기승을 부린다고 지적한 바 있다. 게다가 『경제위기의 정치학』에서 설명하듯이, 신자유주의 경제는 유럽경제를 통합할 뿐만 아니라, 역내의 구조적 격차 역시 창출하고 있다.

말하자면 유럽통합은 세계화하는 '신자유주의 산업사회'와 '생명'을 위협하는 산업문명의 이면을 드러내는 '세계시민주의 위험사회'가 공존하는 구체적 사례라고 볼 수 있을 것이다. 산업사회는 '타자'를 생산하는 기제이므로, 과거에는 유대인 말살과 같은 현상을 피하지 못했다. 그러나 거대 문명위험의 지구적 위협 속에서 '위험사회'가 형성되면서, 또한 그것이 신자유주의 산업사회에 의해 촉진된 사회적 시공간의 초국화와 결합하면서, 위험사회는 세계시민주의의 규범적 지평까지 준비할 수 있게 되었다고 벡은 판단했다.

'세계시민주의 위험사회'에서는 유럽의 제도화된 개인주의, 즉 복지제도를 디딤돌로 삼아 산업사회의 반쪽 근대성을 비판하는 다양한 세력, 조직, 개인들이 연결되고 있다. 예컨대 벡은 유럽헌법의 도입을 막은 프랑스의 아탁조차도, 궁극적으로 반세계화를 주장하는 것이 아니라 그러한 비판을 통해 오히려 '또 다른 방식의' 세계화를 촉진한다고 평가했다. 실제로 프랑스 아탁이 주도한 세계사회포럼(WSF)은 초국적인 세계시민사회에 대한 기대를 한껏 확산시킨 바 있다. 세계사회포럼을 통해 성장한 독일 아탁의 회원들 대부분은 국가의 연금제도를 통해 노후를 보장받을 수 있었던 퇴직자들이다.

산업사회와 함께 복지제도 역시 유럽에서 위협받고 있음에도, 복지제도는 위험사회에서 '정치적인 것'들을 활성화하는 제도적 기초로서 여전히 핵심적인 작용을 한다. '신자유주의 산업사회'와의 대치 속에서, 또 그것과의 중첩 속에서 '세계시민주의 위험사회'는 아직 단지 '징후'로서만 존재한다. 초국화된 수준에서 벌어지는 산업사회와 위험사회와의 정치적 대결은 말하자면 다윗과 골리앗에 비유될 수 있을 것이다. 그러나 기후변화와 같이 지구상의 생명체들을 그 앞에서 평준화하는 문명위험의 위력이 커짐에 따라, 그것은 다윗의 힘을 증폭하는 지렛대가 될 수 있다고 벡은 평가했다. 또한 그를 위해서는 우선적으로 '산업사회'의 패러다임에서 벗어나는 것이 급선무라고 보았다. 아는 만큼만, 또는 사고하는 만큼만 보인다는 것이다. 이렇게 현대사회에서는 '의식이 존재를 규정한다'고, 벡은 마르크스를 거꾸로 세웠다.

6

세계도시: 세계시민사회의 시공간

아인슈타인의 일반상대성 이론에서는 중력에 의해 공간이 휘면 시간이 느려진다고 설명한다. 요사이 지구에서는 까마

득히 먼 우주에서 두 개의 블랙홀이 합쳐지며 발생한 중력파가 벌써 두 차례나 관찰된 바 있다. 시공간을 변화시키고 상대화하는 이러한 일이 자연세계뿐만 아니라 사회세계에도 발생하였다. 여기서 중력과 같은 힘을 발휘하는 것은 신자유주의 경제세계화의 현상이다. 세계화의 중요한 기술적 계기인 정보기술의 발달로 '사회'가 세계로 확대되고, 세계가 하나의 '사회'로 좁혀지는 현상이 가능해졌다. 가상공간을 통해 세계가 획기적으로 좁혀지면서, 한 단위시간 동안 처리할 수 있는 업무의 양 역시 획기적으로 증가했다. 말하자면 사회세계에서도 시간이 '느려졌다'고 말할 수 있게 된 것이다.

이러한 과정 속에서 세계화된 (시)공간의 새롭게 발현하는 구조를 뉴욕, 런던, 도쿄와 같은 '세계도시'에서 찾을 수 있다는 것이 사스키아 사센의 관찰이었다. 사센은 신자유주의 경제원리에 의해 산업이 세계로 분산되었으나, 그렇게 분산된 산업 연결망을 관리하고 통제하기 위하여 몇몇 도시들로 다시 업무들이 집중되는 과정이 일어났다고 설명했다. 그런 과정에서 국민국가의 하위 단위인 포드주의 경관의 도시가 아니라, 세계시민적인 새로운 생활양식과 소비행태, 또 동시에 첨예한 양극화의 경향을 보이는 '세계도시'가 형성되었다고 보았다.

이와 같이 세계도시가 신자유주의의 핵심 공간이라는 사센의 논의를 비틀어서, 벡은 세계도시가 오히려 새롭게 발현하는 '세계시민적 의미지평'의 구체적 공간으로 작용할 수 있다고 설명했다. 여기서 '세계시민적'이라는 표현은 사센의 의미와는 다르게 소비양식이 아니라, 기후변화에 대항하는 세계시민적 연대를 의미한다. 벡은 『세계화 시대의 권력과 대항권력』에서 국민국가가 '국제적'으로는 연대할 수 있으나 국경을 넘어 세계를 하나의 단위로 사고할 수는 없기 때문에, 초국적 수준의 민주주의는 '지구 현지화'의 과정 속에서만 가능하다고 주장한 바 있다. 말하자면 지구화와 관련된 구체적 삶의 현장 차원에서 초국적 민주주의가 시작될 수 있다고 보았다.

기후변화 정치에 관한 유럽 프로젝트를 수행하면서, 벡은 그와 같은 지구 현지화의 구체적 공간으로 세계도시에 주목하게 되었다. 그런데 이처럼 사센의 '세계도시' 개념을 초국적 민주주의의 출발점으로 '뒤집어 보는' 방식은 벡 이전에 시민사회 연구가인 벤자민 바버에 의해 『뜨는 도시 지는 국가』

에서 시도된 바 있다. 바버는 국민국가가 체현하는 '민주주의'를 포기하지 않으면서 세계화가 유발하는 각종 사회 문제들을 해결하는 방식으로서, 도시의 시장들을 핵심 행위자로 연결하는 새로운 지구적 거버넌스의 필요성을 주장했다. 말하자면 각각의 도시에서 민주적으로 선출된 시장들로 구성되는 초국적 의회를 통해, 지구적 수준에서 상향식 민주주의가 가능하다고 본 것이다.

도시가 현대사회에서 새로운 규범의 공간적 기초가 될 수 있다는 기대는 '차이의 정치학'을 주장한 페미니스트 정치철학자 아이리스 영에 의해서도 표현된 바 있다. 영은 공동체주의와 자유주의에 대한 대안으로 '도시생활'이라는 규범적 이상을 제안했는데, 그것은 '낯선 이들의 공존'을 의미했다. 도시의 삶은 친근한 집단들 내에서만 제한되지 않는, 낯선 이들과 대면하는 공공의 상호작용을 의미한다. 도시생활은 행위자를 광범위한 '타자'의 지평 속에 위치시키지만, 그렇다고 해서 그들과 운명공동체가 되기를 강요하지 않는다. 타자와 공존하면서도 타자에 동화되지 않고 자신들만의 친화적 집단 역시 유지할 수 있기 때문에, 도시가 '차이의 정치학'을 구현하는 공간이라고 영은 설명했다.

도시생활이 '타자와의 공존'이라는 지평에서 성립한다는 영의 지적은, 벡의 '세계시민정치화'의 개념과 유사한 측면이 있다. 세계시민정치화란, 공간이 초국화함으로써 세계의 다양한 문화적 타자들이 한 공간에서 상호 비교와 관계의 대상이 되는 '도덕적 밀도 급증'을 의미하기 때문이다. '세계도시'의 문화적·도덕적 밀도 증가는 산업화 초기의 '도시화' 현상이 어떤 임계점을 넘어서 한층 더 급진적으로 확대된 것으로 해석할 수 있다.

19세기의 사회학자 뒤르켐은 도시화에 의한 도덕적 밀도의 증가로 인해서 근대 산업사회에서 규범의 변화가 야기되었다고 보았다. 말하자면 추상적이고 형식적이며 익명성에 기초하는 '시민'윤리는 직접적인 도덕적 애착 또는 절대화만으로는 상호 소통이 불가능한 '도시'라는 독특한 근대적 공간의 결과물이다. 이런 의미에서 기든스는 세계화가 한층 확대시킨 공간적 귀속탈피로 인해서 한층 더 추상적인 세계시민주의 규범이 형성될 것으로 기대하기도 했다. 그러나 여기서 중요한 것은 이와 같이 도시생활에 걸맞은 한층 추상적인 사회적 규범의 형성이 근대 산업사회에서조차도 평화롭게 진행되지는 못했다는 것이다. 벡이 『위험사회』에서 강조했듯이, 이러한 규범적 일반화의 과정은 동시에 그 이면에서 체계적으로 '타자'를 만들어 온 과정이었다. '시민'이라는 추상적 연대의 규범이 형성되는 과정에서 여성, 공산주의자, 유대인, 외국인 또는 타 인종, 이교도 등과 같은 '집합적' 타자의 범주들이 생산되고 배제되고 공격당했다. 그런데 세계시민주의 규범이란 이와 반대로 '타자의 소멸'을 의미한다. 따라서 세계도시의 도덕적 밀도 증가에도 불구하고 과연 '타자의 소멸'이 가능한지에 대해 심각하게 질문하지 않을 수 없다. 그뿐만 아니라, 현재 관찰되는 현실 역시 '타자의 소멸'보다는 '극우화'로 표현되는 '타자의 배제'가 더 두드러진다.

이와 관련하여 벡은 인간에 의한 '지구 행성'의 위협을 세계시민주의를 가능하게 하는 매개물로 제시한다. 말하자면 세계시민주의 규범은 과거에 칸트가 그랬듯이 도덕적 당위나 직관적 추론에 의해서가 아니라, 공멸의 위험 때문에 순수하게 '실용주의적 관점'에서 수용될 수 있으리라는 것이다. 따라서 벡은 계급론자들이 흔히 비판하듯 세계시민주의가 더 이상 부르주아의 도덕적 허세가 아닐 뿐만 아니라, 계급적 연대가 약화되는 현대사회의 경향 속에서 오히려 강조되어야 할 방향이라고 보았다.

벡은 신자유주의 세계화로 인해서 각각의 국민국가 내에서 양극화가 심화되는 경우에도 과거 산업사회와 같은 계급연대는 더 이상 가능하지 않을 것으로 판단했다. 앞서도 말했듯이, 벡은 경제적 이해관계는 더 이상 계급을 통합하는 방향으로 작용하지 않을 것으로 진단했다. 산업사회에서 노동자 계급이 정치적 힘을 발휘할 수 있었던 것은 산업사회가 국민국가 체제였기 때문이었다. 즉 복지국가를 통해 자국민과 외국인을 구별할 수 있었기 때문이었다. 그러나 세계화 과정을 겪으면서 현재 서구의 노동계급은 더 이상 '민족적' 자국민들로만 구성되지 않는다.

또한 산업사회에서 계급연대가 안정화될 수 있었던 것은 포디즘 생산방식을 통해서 남성 중심의 동질적인 노동문화가 형성될 수 있었기 때문이었다. 그러나 현재 노동세계는 이질적이고 다양한 형태와 문화들로 복잡하게 구성되어 있다. 따라서 양극화 해소와 같은 복지의제 역시 더 이상 계급연대에 기초하여 주장되기 힘들다. 오히려 복지의제 역시 점점 더 '인권'이나 '시민권'과 같은 도덕적 내용에 호소할 수밖에 없게 되었다.

7
종교의 개인화 및 세계시민화

앞서 보았듯이, 벡은 '위험사회' 단계에서는 개인화를, '세계위험사회' 단계에서는 세계시민화를 강조했다. 특히 방법론적 세계시민주의와 관련하여 동아시아에서는 '제도화된 개인주의'가 존재하지 않고 오히려 제도적 측면에서는 가족주의가 강하기 때문에, 개인화 추세를 섣불리 진단할 수 없다는 아시아 학자들의 견해에 동조했다. 그리하여 '세계가족의 출현'을 통해 가족 및 친족 네트워크가 서구와 비서구의 지리적 공간을 연결하며 그 기능이 활성화되는 현상을, 예컨대 과거 자신이 방법론적 일국주의에 기초하여 일방적으로 강조한 개인화 추세에 대한 반대 테제로 제시했다.

그러나 그러면서도 벡은 세계가족 속에서 서구의 근대성에 대한 체험과 가족 출신지의 전통문화가 섞이면서 어떤 방식으로든 개인화를 피하기는 어려울 것이라고 암시했다. 또는 서구사회에서 성장한 이주민 자녀들에게서 나타나는 이슬람 근본주의가 전통적 이슬람과 달리 개인화의 또 다른 형태일 수 있다고 언급하기도 했다.

이와 같이 개인화 테제와 세계시민화 테제 간의 관계는 벡의 이론을 통해 정확하게 설명되지 않은 채 미제로 남아 있는 부분이다. 그런데 종교의 경우에는 명백히 개인화와 세계시민주의가 서로를 강화하는 관계라고 벡은 설명했다. 종교에 대한 벡의 논의는 주로 서구의 유일신교인 기독교에 대한 논의로 제한되어 있다. 벡은 서구에서 교회 종교가 약화되는 현상에서부터 논의를 시작했는데, 그것이 '세속화' 테제에 의해 충분히 설명될 수 없다고 보았기 때문이다.

벡은 '세속화'가 계속된다는 전통적 근대화론의 관점은 방법론적 일국주의에 기초할 경우에만, 그것도 종교를 교회와 동일시할 경우에만 유효하다고 설명했다. 서구의 각국에서는 대체로 교회의 신도 수가 급격히 줄고 사제직을 이어받을 후계자들을 찾을 수 없다. 그리하여 주일예배를 규칙적으로 열 수 없는 교구가 늘고 교회 공동체는 텅 비어 가고 있다. 그러나 방법론적 세계시민주의에 기초하여 세계 수준을 하나의 '사회'로 보고 관찰하면, 이러한 '세속화'의 추세는 금방 상대화된다. 아시아와 남미에서는 기독교가 오히려 세를 확장해 왔으며, 서구 밖의 성지와 종교를 찾는 순례자들의 물결 역시 증가해 왔기 때문이다. 이뿐만 아니라, 서구의 각국 내부에서는 이슬람 종교의 영향력이 증가하고 있다.

이와 같이 종교에 대한 사회학적 관찰에서도 관점에 의해 관찰의 내용이 달라지는 결과가 초래되고 있다. 말하자면 『위험사회』에서 벡이 강조했던, '경험'에서 출발하는 '중범위 수준'의 연구조차 국민국가를 사회의 단위로 보느냐, 아니면 세계를 사회의 단위로 보느냐는 관점의 차이에 의해 전혀 이질적인 결과를 생산한다는 것이다. 그러나 이와 같은 '관점' 또는 '방법론'의 중요성이, 벡이 비판한 '이론의 우선성' 또는 '모델 플라톤주의'와 어떻게 다른지에 대해서는 설명하지 않았다. 『위험사회』에서 벡은 중범위 수준의 관찰에서 출발해서

'이론적 투사'를 통해 자신의 사회학적 시대진단에 도달했다고 설명했으나, 관찰의 출발점으로서 방법론적 결정을 중시하는 '세계위험사회' 단계에 오면 '이론적 투사'가 중범위의 관찰보다 더 중요해질 뿐이다.

어쨌든 방법론적 세계시민주의에 기초할 때, 세속화 테제는 더 이상 지속 가능하지 않다는 결론에 벡은 도달했다. 세속화 테제는 기능분화가 지속된다는 루만의 '계속 근대화론'과 마찬가지로 일면적인 유효성만을 주장할 수 있다는 것이다. 서구에서조차 기독교 교회 종교의 세속화 추세가 교회 밖의 또는 비기독교의 종교가 확대됨으로써 상쇄되고 있기 때문이다. 교회 밖 종교에 의한 상쇄는 2차 대전 이후 서구의 종교사회학자들이 관찰했던 '종교가 개인적 신앙으로 대체되는 현상'을 통해 확인되는데, 벡은 그것을 '종교의 개인화'라고 불렀다. 말하자면 가족과 계급, 그리고 국민국가 중심이었던 연대윤리와 민주주의 정치가 제도의 수면 밑으로 개인화했듯이, 종교 역시 교회라는 제도의 수면 밑에서 개인화하고 있다는 설명이다.

벡은 이와 같은 종교의 개인화가 기독교 교회제도를 부정하는 모양을 취하고 있음에도 불구하고 그것이 기독교의 세속화 흐름과 원리적으로 일치하는 현상이라고 판단했다. 그리고 그런 점에서, 그것이 '성찰적 근대성'의 현상일 뿐 흔히 오해하듯 '탈근대적'이지는 않다고 설명했다. 이를 구체적으로 설명하기 위해서 벡은 우선 기독교가 여타 종교와 갖는 차별성에서부터 시작하는데, 그것은 우선 기독교는 아시아의 종교와 달리 유일신교라는 것이고, 다음으로 같은 유일신 종교인 유대교나 이슬람과 달리 혈연이나 부족 또는 종족의 단위를 초월한다는 것이다.

다신교 전통을 파괴하지 못한 아시아의 불교나 유교는 대체로 친족원리와 화해하거나 또는 결합되어 있다. 유대교나 이슬람 역시 부족의 생활방식과 강한 결합력을 보인다. 예컨대 불교원리는 현재 서구 지성계에서는 가장 개인화된 종교로 이해되고 있으나, 동아시아에서 지배종교로 작용했던 불교는 서구의 기독교처럼 근대적 개인화의 방향으로 제도를 변화시키지 못했다. 그러나 기독교는 그 교리에서부터 친족이 아닌 '이웃'을 사랑하라고 명령한다. 이런 점에서 기독교가 이미 그 교리에서부터 '전통적 친족결속으로부터의 개인화'라는 씨앗을 품고 있었다고 벡은 설명했다.

말하자면 기독교는 혈연의 결속원리를 부정하고 '새로운 경계 설정'을 시도하는 '경계 만들기의 종교'라고 벡은 정의했다. 기독교에서 새롭게 설정하고자 한 경계는 혈연을 기초로 한 원근관계가 아니라, 기독교를 믿느냐 또는 믿지 않느냐는 종교 선택의 경계였다. 기독교의 세례가 기본적으로 혈연집단이 일방적으로 부과하는 태생적 종교와 달리 개인의 믿음과 결단에 의한 종교 선택의 형식을 취하기 때문에, 기독교는 그 교리에서부터 이미 '개인'의 탄생을 예고하고 있다고 벡은 설명했다. 그럼에도 불구하고 기독교는 근대 이전까지는 전혀 '개인화'의 종교가 아니었다. 중세 기독교 역시 동아시아의 불교와 마찬가지로 왕조의 신분지배를 정당화했으며, 봉건사회의 혈연에 기초한 신분세습을 제도적으로 지지했다.

기독교의 '개인화' 씨앗이 발아하게 된 계기는, 베버가 설명하듯이, 개신교의 형성이라고 벡은 보았다. 벡은 근대 인쇄술의 발달로 사제의 교리해설이 아니라 개인의 직접적인 성경 독해가 새롭게 신앙의 중추로 부상하면서, 기독교가 개인의 내면을 강조하는 '개인화'의 종교로 방향을 전환했다고 설명했다. 그리고 이것을 개인화 제1단계라고 불렀다. 말하자면 개인화 제1단계는 종교개혁과 함께 근대적 '개인'의 개념이 탄생하는 과정을 의미한다. 개인들이 권위 있는 사제를 대신하여 종교생활의 중추가 됨으로써, 스스로 정당화하는 세계를 건설할 수 있게 된 것이다. 근대 산업사회는 이와 같이 개인화한 종교적 동력 없이는 성립할 수 없었다는 것이 막스 베버가 『프로테스탄트 윤리와 자본주의 정신』에서 시도한 설명이다.

그러나 개인화 제1단계에서 개신교에 의한 '개인' 개념의 형성 못지않게 중요한 또 다른 계기를 벡은 뒤르켐에게서 찾았다. 뒤르켐이 설명하는 바와 같이 개인들이 가히 종교적 추앙의 대상처럼 스스로를 숭상하면서 '시민'이라는 새로운 정치세력이 출현했다는 것이다. 개인이 단순히 종교생활의 중심이 아니라, 정치와 사회의 중심으로도 제도화한 것이다. 그러나 이후 '근대화'의 과정은 벡이 『위험사회』와 초기의 여타 저작들에서 설명하듯이 근대성과 반근대성의 정치적 대립 속에서 반쪽 근대성이 제도화되는 과정이었고, '개인'이란 핵가족의 가장이자 사회계급의 구성원이며 노동경력에 기초하여 국민국가의 복지수급권을 갖는, 대체로 '남성'인 서구의 시민들을 의미하게 되었다.

2차 대전 이후 종교사회학자들이 관찰했던 서구 교회의 약화와 종교생활의 개인화는 이와 같이 종교개혁을 통해 1차적으로 개인화한 서구 기독교가 한 차례 더 개인화하여, 종교와 신 자체가 기독교의 테두리를 넘어 개인의 선택 대상이 되는 2차적 개인화의 과정이라고 벡은 설명했다. 이것은 교회의 관점에서 보면 세속화지만, '세속화'라는 개념의 엄밀한 의미에서 보면 오히려 신앙생활이 제도종교의 테두리를 넘어 확산되는 '탈세속화'의 과정이다. '세속화'와 관련해서는 이렇게 양면적인 성격을 갖기 때문에, 벡은 이와 같은 과정을 '개인화'의 관점에서 해석하며, 그럴 경우 1차적 개인화의 거듭남이기 때문에 근대성의 규범적 연속성 속에서 설명할 수 있다는 것이다. 즉 2차적 개인화 역시 '개인화를 개인화하는' 성찰적 과정이기 때문에, 성찰적 근대성의 현상이라는 것이다.

그런데 서구 기독교의 이와 같이 급진화된 개인화는 교회와 같은 제도종교의 경계를 다시 한 번 허물고, 새로운 '경계만들기'라는 기독교 본래의 기능을 경신할 수 있는 기초가 되기도 한다. 개인화 제1단계에서 유럽 전체를 지배하던 구교의 제도적 경계를 허물고 개신교의 '민족교회' 또는 '국가교회'라는 새로운 '경계 만들기'에 성공했다면, 개인화 제2단계에서는 그러한 근대적 교회형태를 허물고 개인을 중심으로 하는 새로운 '경계 만들기'가 진행된다. 이것은 종교의 제도적 경계가 '개인의 내면'이 되는 과정이라는 의미에서 '개인화'이다.

이와 같이 서구 기독교 사회들에서 종교의 개인화가 '민족' 또는 '국가' 단위의 종교적 결속을 해체하기 때문에, 이것은 동시에 종교의 '세계시민화'로 연결될 수 있다는 것이 벡의 설명이다. 종교의 개인화는 신의 선험적이고 권위적인 절대성을 허물고 오히려 신을 개인의 내면적 창조물로 변화시키기 때문에, 모든 신 —특히 유일신— 이 요구하는 객관적 절대성을 약화시킨다. 유일신이 교회에 의해 대변되는 절대적 존재가 아니라 개인적 신앙의 대상으로 '선택'되기 때문에, 모든 유일신은 개인의 선택 앞에서 동등해진다.

그러나 벡은 서구에서 관찰되는 종교의 개인화가 종교의 세계시민화의 필요충분조건이라고 보지는 않았다. 여기에 경제 세계화로 인한 인구 이동 및 그로 인한 지리적 공간의 종교적 밀도 증가가 종교의 세계시민화를 촉진하는 또 다른 조건으로 작용한다고 보았기 때문이다. 『문명의 충돌』을 예견한 헌팅턴과 달리, 벡은 좁은 공간에서 서로 갈등을 일으키는 유일신들 간의 경쟁이 파괴적 결과를 초래할 뿐이기 때문에 오히려 그 과정 속에서 실용주의적인 해결방식으로 종교의 세계시민화가 가능할 것이라고 보았다.

이처럼 파국적 결말을 예상하기 때문에 오히려 가능해지는 '해방적 탈바꿈'을 위해서는 또 하나의 선행조건이 충족되어야 한다. 그것은 유일신 종교의 절대적 '진리'뿐만 아니라, 그에 못지않게 '평화'를 중시하는 종교적 태도이다. 벡은 '진리' 뿐만 아니라 '평화' 역시 모든 종교가 표방하는 핵심적 가치라고 보았다. 과거 베스트팔렌 조약을 통해 마침내 구교와 신교 간의 종교전쟁을 끝내고 서로 다른 '진리'를 제공하는 신들에게 국민국가 국적의 교회를 선사했듯이, 이제 서로 다른 '진리'를 약속하는 신들에게 '개인의 내면'이라는 자리를 선사할 수 있다는 것이다. 과거 '정치'라는 세속적 체제를 통해 종교적 평화와 공존을 달성했듯이, 이제 '주관적 신앙'이라는 탈세속화된 심리적 공간을 통해서 여러 유일신들이 지리적으로 동일한 공간에 공존할 수 있다고 보았다.

벡은 이러한 세계시민주의의 가능성을 칸트의 세계시민주의 철학이 아니라, 괴테의 『파우스트』와 레싱의 '반지의 우화'로 거슬러 올라가 찾았다. 괴테는 근대의 여명기에 '세계문학'이라는 개념을 창안하여 '세계사회'의 논의에 물꼬를 텄기 때문이고, 레싱은 '반지의 우화'를 통해서, 진리가 오직 하나뿐인 경우에도 수많은 '진리'들 중에서 그것을 가려낼 수 없을 때에는 여러 진리의 공존이 가능하다고 설파했기 때문이다. 말하자면 루만은 세계사회에는 외부가 존재하지 않기 때문에, 세계사회를 객관적으로 평가할 수 있는 관점이 더 이상 존재하지 않는다고 보았다. 그리하여 세계사회에서는 다양한 문화들 간의 난립과 갈등이 불가피하다고 판단했다. 반면에 벡은 그와 동일한 이유에서, 즉 어떤 것이 '진리'인지 모를 수밖에 없기 때문에, 그러한 '무지'에 기초하여 오히려 평화로운 공존이 가능하다고 진단했다. 무지 속에서는 실용주의적 관용만이 유일한 선택지가 되리라고 보았기 때문이다.

세창사상가산책 | ULRICH BECK

5

세계시민주의 사회학

1
방법론적 세계시민주의

벡은 위험사회의 세계적 연관성이 거대 문명위험의 세계적 분배 차원뿐만 아니라, 신자유주의 경제세계화와 관련된 여타 정치·경제 차원의 초국적 위험들과도 얽혀 있다고 논의를 확대하면서, 시야를 세계화해야 하는 사회학의 출발점으로서 '방법론적 세계시민주의'를 제시했다. 벡이 말하는 '방법론적 세계시민주의'의 내용은 두 가지이다. 하나는 더 이상 영토와 결합된 국민국가를 '사회'와 동일시하지 말아야 한다는 것이고, 다른 하나는 근대성의 제도적 형태는 서구적 형태가 유일하다고 본 기존의 '보편주의' 근대화론의 관점이 잘못되었다는 것이다.

말하자면 첫째로, 사회학은 그 인식지평이 더 이상 국민국가별 사회가 아니라 정치적으로는 통일되지 못하였으나 사회적으로는 이미 구조적으로 결합되어 있는 세계사회임을 인정하는 데서부터 시작되어야 한다는 주장이다. 여기서 '세계사회'란, 그 개념을 1970년대부터 사용한 루만의 경우처럼 커뮤니케이션 시스템의 세계적 확장을 의미하는 것이 아니라, 오히려 중심과 주변 간의 구조적 불평등, 즉 불평등의 세계화를 축으로 하여 위계적으로 구조화된 '지구 위 단 하나의' 사회를 의미한다. 그리하여 이 부분과 관련해서는 특히 사회 불평등 연구에 있어서의 관점 전환을 촉구했다. 사회 불평등을 '국내'가 아니라, '지구적' 사회 문제로 보아야 한다는 주장이다. 즉 불평등의 집단 격차를 가르는 축은 계급 차이가 아니라, 서구의 복지국가와 주변부의 비복지국가 간의 차이라고 설명했다. 이럴 경우 사회 불평등의 사회적 표현방식은 정치적 저항이 아니라 이주와 난민 등 '탈출'의 형태가 된다.

둘째로, 헤브루 대학의 사회학자 아이젠슈타트가 벡에 앞서서 '다양한 근대성'을 주장하며 '근대성' 개념을 서구가 독점해서는 안 된다고 지적한 바 있는데, 벡 역시 서구가 아닌 사회에서 근대성의 다양한 경로들이 형성되었을 가능성에 대해 강조했다. 이와 같이 전통적 근대화론의 '보편주의' 관점을 거부하는 태도는 아이젠슈타트의 진술대로 당대에 일종의 '시대정신'이었다. 루만 역시 1990년대에 세계화에 대해 설명하면서 그와 같은 관점을 표명했고, 사회·정치 철학 쪽에서는 '인정'의 패러다임이 이미 상당한 정도로 정착되어 있었다.

근대성의 다양한 경로들에 대한 관심은 특히 당시 새롭게 떠오르는 세계시장이자 세계 경제성장의 엔진이었던 동아시아의 근대화 성공모델에 대한 관심과 밀접하게 관련되어 있다. 벡의 방법론적 세계시민주의 역시 동아시아의 유교적 근대화 모델에 대한 관심으로 나타났고, 구체적으로는 '동아시아 근대성에서는 왜 개인화가 진행되지 않았는가?' 또는 '현대 동아시아의 저출산 및 가족형태의 다양화를 서구와 마찬가지로 개인화 개념을 통해 설명할 수 있는가?' 또는 '동아시아의 성찰적 근대성은 개인화와 어떤 관계를 갖는가?' 등의 질문들로 연결되었다. 벡 자신이 이와 같은 문제들에 대한 연구를 직접 수행하지는 않았으나, 그는 동아시아의 독특한 근대화 경로에서 '유교적 가족주의'가 매우 핵심적으로 작용했다는 서울대학교 장경섭 교수와 의견을 같이했다.

이와 같은 방식으로 '방법론적 세계시민주의'를 내세우며 벡이 명확히 하고자 했던 것은, 전통적 근대화론에서 설명해왔듯이 '보편주의'의 개념적 대립물은 '특수주의'가 아니라 '다양성'이라는 것이다. 특수주의는 보편주의라는 전제 위에서 다양성을 설명하는 개념이지만, 파슨스가 주장했던 근대화의 보편적 요소라는 관점 자체가 파기의 대상으로 지적되었다. 예컨대 핵가족 형태는 일견 근대화된 모든 사회에서 보편적으로 나타나는 요소인 것 같지만, 동아시아의 핵가족은 개인주의의 이념과 강력하게 결합되지 않았다. 마찬가지로 시장 역시 근대화의 보편적 요소로 보이지만, 동아시아에서 시장이 작동하는 방식과 서구에서 시장이 작동하는 방식은 같지 않다. 시장이 기초하고 있는 '합리성'의 개념이 다르기 때문이다. 따라서 개인주의와 서구적 합리성과 같은 근대성의 '본질적' 요소－라고 설명되었던 것－들은 보편적인 현상이라기보다는 오히려 다양한 경로 중 하나를 보여 줄 뿐이라는 것이다.

마찬가지로 벡은 보편주의의 또 다른 대립 개념을 '상대주의'에서 찾지 않았다. 상대주의는 지식의 유한성 또는 '무지'와 관련된 개념이다. 루만의 표현대로 객관화를 시도할 '외부'의 관찰자 위치가 더 이상 존재하지 않기 때문에 객관적 판단의 기준을 찾을 수 없다는 것이다. 그러나 벡은 '무지'라는 현대적 현상에서 출발해서 '상대주의'가 아니라 '실용주의'를 지지했다. 외부적인 객관적 잣대가 없기 때문에 옳고 그름에 대한 판단을 중지 또는 포기하는 것이 아니라, 안건과 맥락에 따라서 실재론과 구성주의적 현실인식을 혼용할 수 있다는 것이다. 말하자면 '상대주의'는 순수하게 구성주의적인 데 반해서, '실용주의'는 실재론과 구성주의를 모두 긍정하는 방식이다.

2
실용주의 정치

벡이 '무지' 상태에서의 선택으로서 상대주의보다 실용주의를 주장한 데에는 과학에 대한 관점이 매우 중요하게 작용했다. 앞서도 말했듯이, 벡은 현대 과학을 이해하는 데 있어서 과학이 지식과 동시에 무지를 체계적으로 생산한다는 사실을 출발점으로 삼았다. 말하자면 과학이란 이중적인 과정이다. 한편에서는 과학이 생산하는 지식에 기초하여 산업을 발전시키고 새로운 기술상품을 개발하는 일이 가속화한다. 반면 다른 편에서는 과학이 생산하는 무지에 기초하여 새로운 위험과 불확실성이 창출되고, 그것은 무지의 생산을 다시 가속화한다. 예컨대 인간은 알파고와 같은 인공지능을 발전시켜서 이세돌 9단을 이기게끔 할 수 있었으나, 알파고가 어떤 방식으로 이겼는지에 대해서는 전혀 알지 못한다. 이와 같은 과학의 이중성은 과학에 대한 신뢰를 반감시키고 오히려 불안을 고조시킨다.

이처럼 과학이 쓸모와 동시에 위험을 생산하고 과학의 발전에 따라 그와 같은 위험은 점점 더 현실성을 획득하기 때문에, 벡은 위험이 순전히 구성된 인식에 불과하다고 보지 않았다. 위험의 파급효과는 실재한다. 그러나 그것을 측정하는 데 있어서 '정치화' 과정이 수반되기 때문에, 위험은 동시에 다양한 관점과 이권과 세계관에 따라서 구성되기도 한다. 따라서 언제 위험의 실재성을 강조하고 언제 위험의 구성주의를 강조할 것인지가 중요한 문제로 대두한다. 벡은 위험이 결국 '실재'하기 때문에, 여기서 실용주의가 상대주의로 빠지지 않을 수 있다고 판단했다. 실재하는 위험은 위험에 대한 구성적 상상력을 넘어서는 위협을 발휘할 것이라고 보았다.

이와 같은 태도는 결국 구성적 주체인 인간보다 실재하는 위험을 새로운 정치의 원동력으로 설명하는 벡의 관점으로 이어졌다. 앞서도 말했던 '부작용의 정치'라는 개념이 그것이다. 벡은 과학이 무지를 생산하는 시대에 인간 이성은 정치의 원동력이 될 수 없다고 판단했다. 인간의 이성은 오히려 무지와 불확실성을 생산하고 갈등전선을 구성할 뿐이다. 인간의 이성은 이기주의로 연결될 수 있는 반면, 실재하는 위험을 감지하는 인간의 불안은 사회적으로 당연시되나 위험 앞에서는 무책임하기 짝이 없는 제도를 의심하는 '과학적' 태도로 연결된다. 위험은 이와 같이 개개인의 과학적 태도를 촉진하고, 과학적 의심은 기성 제도의 구속력으로부터 개인들이 풀려나도록 작용한다. 말하자면 개인화를 촉진한다. 제도의 관성이 아니라 개인들의 과학적 의심에 기초한 '진정성'으로부터, 위험을 생산하는 이기주의에 대항하여 실용주의적 연대가 가능해진다.

이와 같이 벡은 개인화가 이기주의와는 전혀 다른 차원의 문제라고 보았다. 『세계화 시대의 권력과 대항권력』에서 벡은 개인화와 개인주의를 개념적으로 구별했다. 개인주의는 개인의 속성이나 태도를 의미하지만, 개인화는 사회적 차원의, 즉 현실 차원의 현상이라는 설명이었다. 개인주의는 개인을 도덕적 규범의 중심에 두는 규범의 내용을 의미하고, 그 규범에 따라 사고하고 행동하는 개인들의 태도를 의미한다. 경우에 따라 개인주의는 이기주의로 귀결될 수 있다. 정치공동체에서 개인주의는 시민적 연대라는 사회적 자본을 강화하기도 하지만, 동시에 익명적 관계와 타인에 대한 무관심을 정당화하기도 한다. 익명적 관계는 시민적 자유뿐만 아니라 이기적이고 무책임한 태도가 확대되는 기반이 되기도 한다.

반면에 개인화는 개인들의 '규범인식'이나 '행위의도'와는 전혀 다른 차원의 현상으로서, 벡은 뒤르켐의 의미에서 '사회적 힘'을 말하는 개념으로 그것을 사용했다. 벡은 개인화가 개인의 선택 여지가 확대되는 현상인 동시에 개인들에게 작용하는 '사회적 강제'임을 강조했다. 말하자면 개인화는 단순히 개인들의 개성이 강화되는 과정만이 아니다. 그것은 오히려 확대되는 생애위험에 대한 '반사적' 대응의 결과로 초래된 '의도되지 않은' 현상이고, 그런 의미에서 벡의 '성찰성' 개념과 부합한다. 그리고 이 과정에서는 사회적이고 제도적 차원의 결정이 필요한 부분을 개인의 선택지로 전가하는 '사회적 힘'이 작용한다.

말하자면 서구에서 싱글이 증가하는 이유는 반드시 싱글을 선호해서가 아니라, 과거의 낭만적 사랑과 가족에 대한 기대가 오히려 강화되어 현실에서는 더 이상 실현할 수 없기 때문이라는 『사랑은 지독한, 그러나 너무나 정상적인 혼란』에서의 설명이 그러한 이율배반적 과정을 설명해 준다. 평생직장 개념이 허물어지는 현실 속에서 의식적으로 새로운 생활양식을 선호해서가 아니라 오히려 산업사회에서 '정상적'이라고 생각되었던 생활양식을 유지할 수 없으리라는 절망 때문에 싱글이 증가한다는 설명 역시 마찬가지이다. 저출산 역시 아이를 싫어해서가 아니라 오히려 아이에 대한 애착이 더 중요해졌기 때문에, 또 아이와의 관계를 위해 충족되어야 할 요건들이 급증했기 때문에 초래되었다고 설명했다. 마찬가지로 '생존' 그 자체보다는 '삶의 질'을 중시하는 행태 역시 의식적으로 삶의 질을 더 중시해서라기보다는 삶의 위험이 새롭고 다각적인 양상으로 증가했기 때문이라고 설명했다.

이와 같이 '개인화'는 개인주의라는 규범적 수준의 개념과는 상대적으로 분리되어 진행되는 사회적 현상이라고 벡은 설명했다. 그럼에도 불구하고 서구의 개인주의 규범 전통 및 그것이 제도화된 형태인 '사회권' 개념 또는 복지제도의 존재로 인해서, 벡은 이와 같이 새로운 형태로 급진화하는 개인화가 규범 수준의 아노미를 초래하지는 않을 것이라고 진단했다. 그리고 그런 점에서 벡은 개인화가 '성찰적 근대성'의 현상일 뿐 '탈근대적' 현상이 아니라고 단언했다.

또한 이 점에서 벡은 동아시아를 중요한 비교 대상으로 삼았다. 동아시아의 경우 형태상으로는 현재 서구의 개인화와 유사한 현상들이 진행되고 있다. 그러나 동아시아 근대성의 경로에서는 서구 근대성에서와 달리 '개인화 제1단계'가 생략되어 있다. 동아시아, 특히 한국, 대만, 중화권 도시국가 등의 '신흥 산업국'에서는 기독교 개인주의가 아니라 오히려 유교적 집단주의가 '자본주의 정신'과 결합함으로써 산업화에 성공했기 때문이다. 따라서 동아시아에서 현재 관찰되는 '개인화'와 유사한 흐름들은 서구의 '성찰적 개인화' 또는 '제2의 개인화'와 동일한 성질을 갖는 것으로 설명할 수 없다고 보았다.

벡은 현대 서구사회의 개인화가 사회적 현상이지만 '근대성'이 표방했던 개인주의 규범의 전통 속에서 해석될 수 있기 때문에, 개인들을 규범적 단위로 놓고 새로운 연대형태를 창출하는 것이 가능하다고 보았다. 그리고 집단적 '타자'범주에의 귀속 없이 개인들 간에 형성되는 연대의 속성을 '실용주의적'인 것으로 규정했다. 예컨대 '신사회운동'의 특징은 '동일성'에 기초한 계급의식이나 집단 정체성, 중앙조직, 핵심 인물의 고정성 같은 요소가 없다는 것이다. 이러한 이유에서 루만은 초기에 신사회운동이 이념도 조직도 없는 신기루 같은 것이라고 판단했지만, 벡은 이것을 오히려 근대적 개인주의 규범이 급진화하여 마침내 '세계시민주의'로의 연결 가능성까지 확보한 것으로 설명했다.

앞서도 말했듯이, 개인화가 강요되는 현실 속에서도 개인들이 뿔뿔이 원자화하지 않고 실용주의적 연대를 형성하게 되는 계기는 '부작용으로서의 문명위험'이다. 과거 영국에서 '구빈법Poor Law'으로 시작한 '사회복지' 개념의 발전이 도시의 부촌과 빈촌을 하나로 연결하는 전염병의 창궐이라는 '새로운 도시의 위험'과 관련되듯이, 지구 전체를 하나로 연결하는 거대 문명위험은 지구를 하나의 규범적 단위로, 즉 세계시민적 사회공간으로 통일할 수 있다고 본 것이다.

3
제2근대성의 세계사회

결국 벡이 세계시민주의 사회학을 주장하며 그리고자 했던 새로운 초국적 사회의 실루엣은 '제2근대성의 세계사회'라고 할 수 있다. 동시에 이것은 국민국가 사회가 아닌 세계사회에서 근대성의 연속선 상에서 작동할 '시민정치'가 어떤 특성에 기초하여 새로운 사회적 유대형태를 창출할 것인가에 대한 답변이기도 하다. 새로운 사회적 유대형태는 개인적이거나 세계시민적인 다양성을 억압하거나 '비정상'으로 외부화하지 않는 인식의 지평 위에서, 공통적으로 느끼는 위험들을 해결하는 실용주의적 과정을 통해 형성될 것이다. 여기서는 '위험이 무엇인가?'를 규정하는 구성주의적 계기가 핵심적으로 작동한다. 다시 말해서, '위험'에 대한 인식을 공유하는 세력의 구성이 시민적 유대의 핵심을 차지하게 될 것이다.

이것은 과거에 산업적 '생산' 및 '분배'의 문제가 시민적이고 계급적인 유대를 어떻게 창출했는지를 보여 주는 역사적 과정과 비교될 수 있다. 산업생산의 문제는 생산수단의 축적이라는 문제를 통해서 시민계급의 연대를 창출했고, 생산물의 분배 문제는 생산수단의 사적 축적에 대립하는 노동자 계급의 단결을 초래했다. 그리고 복지국가로의 새로운 제도화를 통해서 다시 국민국가의 결속에 의지하는 새로운 시민적 유대관계가 형성되었다. 그러나 이제 이러한 산업사회의 '사회적' 위험보다, 그것이 하나의 부품으로 작동하면서 국민국가 체제를 기반으로 총체적으로 생산되는 거대 문명위험이 한결 더 시급한 지구적 문제로 인식된다면, 즉 이제 국민국가별 산업사회가 세계위험사회로 탈바꿈 중이라면, 사회적 결속 역시 과거의 '사회적' 위험보다는 새로운 '문명적' 위험을 매개로 새롭게 재편될 수 있다.

자본과 정보 및 인구의 이동, 그러나 무엇보다도 기후변화 등 문명의 거대위험에 의해 하나로 연결되는 세계사회에서 과학이 생산한 문제들을 해결할 수 있으려면 마땅히 과학에 기초하여 해결을 모색해야 한다. 이렇게 세계위험사회에서도 과학은 여전히 문제 해결의 중심에 있고, 그런 점에서 현대사회는 '근대성'의 테두리를 벗어날 수 없다. 그러나 복잡하게 기능분화를 이룬 현대사회에서 과학은 더 이상 모든 과학자의 합의를 가능하게 하는 객관성과 확실성을 보장하지 못한다. 과학은 정치적으로 구성되며 동시에 정치를 구성하는 과정에 구조적으로 개입되어 있다.

따라서 '과학', 특히 그것의 핵심인 '과학적 의심'은 더 이상 제도화된 과학체계에 의해 보장되지 못하며, 오히려 과학체계의 하위정치에 의해 위협을 느끼는 당사자들의 불안을 통해서만 효력을 발휘할 수 있다. 말하자면 과학을 '구성주의'에서 '실재론'으로 끌어내려 인간세계가 아니라 물질세계를 설명하는 본래의 위치로 되돌리려는 움직임은, 과학체계가 아니라 과학의 결과에 의해 위협받는 당사자들의 민주적 참여에 의해서만 보장된다. 따라서 과거와 마찬가지로 '과학'을 근대성의 핵심으로 인정할 때, 역설적으로 과학체계가 아니라 '당사자 민주주의'가 과학의 근대성을 보장하는 중추가 된다.

이와 같이 '과학'이 당사자 민주주의에 의해서만 과학적으로 확보될 수 있기 때문에, 당사자 민주주의를 통해서만 세계사회는 성찰적이면서도 연속적인 제2근대성의 사회가 될 수 있다. 여기서 당사자란 문명에 대한 자신의 불안을 '진정성'에 기초하여 규정할 수 있는 개인화한 개인이자, 타자의 불안을 그의 집합적 타자범주로 귀속시키지 않는 세계시민적인 개인이다. 그렇지 않고서는 '과학적 의심하기'는 다시 구성주의의 테두리 속에서만 머물고, 마침내 위험의 실재적 위력이 위험의 구성주의를 파괴함으로써, 구성된 사회적 대립뿐만 아니라 지구 전체에 위해危害를 가할 것이기 때문이다. 말하자면 위험은 실재적 파괴를 통해서만 그 객관적 실체를 증명할 것이기 때문이다.

6

벡 사회학의 새로움과 의의

1
'자본주의 산업사회' 관점으로부터의 탈피

미국의 정치학자이자 정기적으로 시행되는 대규모의 '세계 가치관 조사'를 주관하는 로널드 잉글하트는 선진 산업사회에서 물질주의 문화가 탈물질주의 문화로 변화하면서 '조용한 혁명'이 진행되고 있다고 주장한 바 있다. 벡의 사회학은 이렇게 '문화적 변화'로, 또는 '문화적 증세'에 기초해서 관찰되는 현상이 사회적으로는 어떤 구조변동과 관련되어 있는지를 탐구한 내용이라고 볼 수 있다. 또한 문화적 차원에서 '조용한 혁명'으로 관찰된 현상을 구조의 차원에서는 '탈바꿈'으로 개념화할 수 있다고 설명한 시도이기도 하다. 말하자면 '가치관의 변화'로 설명되는 전후 서구 정치지형의 변화가 단순히 냉전체제 당시에 서구 지성계를 강타한 반스탈린주의의 결과가 아니라, 전후 서구 산업사회의 실제적 구조변화와 관련되었음을 설명하는 내용이다.

벡 이전에도 1960년대 이후 서구 산업사회가 구조적으로 변화하고 있다는 사회학자들의 설명이 존재했다. 이들은 탈산업, 탈이념, 탈권위주의, 탈포드주의, 탈근대적인 방향으로의 변화에 대해 설명했다. '탈-'이라는 접두어가 알려 주듯이, 대개가 과거 산업사회로부터의 '단절'을 강조하는 방향이었다. 그러나 대부분의 경우, 그와 같은 '단절'은 충분히 근본적이지 못했다. 예컨대 '탈산업사회론'은 2차 산업에서 3차 산업으로의 변화를 설명했고, 탈이념과 탈권위주의화를 주장하는 입장에서는 보다 자유주의적인 성향을 보이는 중산층의 부상을 강조했다. 탈포드주의 이론은 '유연화'로 가는 생산방식 및 조직의 변화를 강조했고, 탈근대주의는 2차 산업에서 문화산업으로 산업의 중추가 변화하는 것에 대해 설명했다.

말하자면 한 산업에서 다른 산업으로, 또는 어떤 주도적 계층구조에서 다른 계층구조로의 변화를 설명하는 방향이었다. 결국 '산업'과 '계급·계층'을 중심에 놓는 관찰의 '틀'은 전혀 변화하지 않았다. 산업의 핵심 영역이나 조직방식은 변화하지만 '산업생산'과 '자본주의'가 토대를 이루는 사회의 기본 틀은 바뀌지 않으리라고 전망한 것이다. 예외적으로 푸코의 경우, 물질생산보다 생물학적 지배의 문제를 근대성의 중심 문제로 제기한 바 있으나, 이 역시 '근대 산업사회'의 규율 체계를 설명하는 것이 목적이었다. 푸코는 근대 산업사회가 인간의 노동력뿐만 아니라 성과 생식이라는 생명체의 기능마저 체계적으로 통제했다는 혜안을 보였다. 그러나 그의 사회학적 상상력 역시 '산업사회' 또는 '자본주의' 체제에 고정되어 있었다.

마르크스주의 사회학과 전통적 주류 사회학뿐만 아니라 거기에 푸코의 탈근대주의적 혜안까지 통합하고자 시도했으며, 또한 '생활정치'라는 개념을 확산시킨 장본인인 기든스 역시 현대사회에서도 여전히 산업과 생산의 리스크가 중심적이라고 설명했다. 또한 신자유주의 세계화로 인한 '세습자본주의'로의 경향이나 양극화의 확산으로, 사회 불평등과 사회정의의 패러다임은 다시 분배의 문제로 회귀하는 추세이다. 이러한 모든 경향들은 여전히 물질생산과 분배라는 소위 '물질적' 기초가 현대사회에서도 여전히 사회갈등의 원천이라고 보고, 그런 의미에서 '탈물질주의 문화'의 등장을 '부의 확대' 및 '중산층의 확산'과 결부된 에피소드 정도로 볼 수 있을 뿐이다.

그런데 벡은 '탈-'이라는 접두어 뒤에 감춰진 근대 '자본주의 산업사회'의 연속성 또는 영속성에 대한 이와 같이 강고한 가정을 오히려 폭로하고자 했다. 그리하여 자본주의 산업사회는 스스로의 기반을 허물고 있다는 입장을 내세웠다. 언뜻 마르크스의 '자본주의 위기론'을 상기시키는 이와 같은 주장은, 그러나 마르크스의 이론과는 전혀 다른 방향으로 진행되었다.

우선 마르크스와 달리 벡은 자본주의의 '위기'가 아니라 성숙 또는 완숙—"승리"—에 의해서 산업사회가 스스로를 위협한다고 주장했다. 따라서 변화는 혁명이 아니라 탈바꿈의 방식으로 진행된다는 것이다. 이것은 생산력의 발전으로 편협한 생산관계라는 '사회적 관계'의 모순이 문제가 되는 것이 아니라, 오히려 그것이 고갈시키고 파괴시킨 지구 생명의 '생태적 관계'가 문제가 되고 있음을 의미한다. 자본주의 산업사회는 노동력 못지않게 물질세계의 생명 자체를 착취한다. 즉 생산력 발전과 성장 중심주의는 생태계 파괴 없이는 불가능하다.

둘째로, 벡은 마르크스와 달리 특정 계급집단에게서 정치적 주체의 행위성을 기대하지 않았을 뿐만 아니라, 계급구조가 인간 행위성의 방향을 결정한다고도 보지 않았다. 자본주의 경제위기의 결과는 노동자 계급의 단결이 아니라, 국가별 성장전략과 복지국가의 제도를 통한 계급갈등의 '제도적 조율' 이었다. 말하자면 경제위기는 계급적 연대가 아니라 오히려 국민국가의 연대와 결속을 강화하는 결과를 가져왔다. 벡은 신자유주의가 초래하는 경제위기에 의해서도 기본적으로 이와 같은 '보호주의적' 경향이 오히려 강화될 것으로 예상했다. 신자유주의 세계화는 경제행위에서 국경을 무력화했지만, 그렇다고 해서 초국적 계급대립이나 계급갈등을 초래하지는 않는다. 초국적으로 연결되는 사회 문제를 제기하는 세력은 초국적 무산자 계급이 아니라, 오히려 개인화된 시민들이다.

신자유주의 세계화 이후 초국적 수준에서는 양극화가 눈에 띄게 진행되지만, 국민국가라는 정치체계에 기초하여 그러한 경제적 문제에 대해 분절적인 방식으로 해법이 제시된다. 그리고 그러한 해법이 여전히 매력적이기 때문에, 국민국가나 국경은 쉽게 소멸하지 않는다. 말하자면 자본주의 경제위기는 산업사회를 전복하는 것이 아니라 오히려 재편할 수 있을 뿐이다. 산업사회에 대한 보다 근본적인 위협은 오히려 경제적 '물질세계'가 아니라 '생물학적' 물질세계로부터 온다. 산업사회의 지속성과 정당성을 파괴하는 것은 자본주의 위기가 아니라 오히려 지구 생명에 대한 위협이다.

이와 같이 벡은 자본주의 산업사회에서 벗어나는 방식을 물질생산에서 파생된 생산관계의 부정의와 그에 분노하는 인간의 정치행위가 아니라, 오히려 물질생산의 과학화가 초래한 생명세계의 위협이라는 '부작용의 정치'에서 찾았다. 새로운 정치의 원동력은 계급과 같은 인간집단이 아니라, 오히려 그 실체를 드러내고자 하는 위험이다. 여기서 개인화된 개인들은 '부작용의 정치'와 '위험공동체' 형성을 매개하는 역할을 한다. 집단 정체성에 귀속될 경우 집단의 입장과 관점에 따라 위험이 '구성'되지만, 모두가 위험을 홀로 감당해야 하는 '개인'으로 내던져지면 위험이 어떻게 권력의 문제와 직결되는지를 인식할 수 있다.

따라서 (세계)위험공동체라는 새로운 정치적 결속체의 출발점은 위험을 '우리들'이나 '그들'의 문제가 아니라 '나 자신'의 문제로 '진정성 있게' 느끼는 당사자 개인들이다. 그리고 이러한 '불안의 개인주의'가 서구에서처럼 '제도화된 개인주의'—복지국가—를 통해 제도적으로 지지되거나, 그렇지 않은 경우에는 광범위한 '공감'에 의해 사회적으로 지지될 때, 그것은 (세계)위험공동체라는 새로운 (세계)시민적 결속의 형태로 귀결될 수 있다.

2
물질적 불평등과 규범적(또는 문화적) 불평등의 관계

산업생산으로부터 위험생산, 자본주의 산업사회로부터 성찰적 위험사회, 계급연대로부터 개인화에 기초한 새로운 시민정치 연대로의 사회변화 및 사회학적 관점변화를 주장하면서, 벡은 사회 불평등과 정의에 대한 행위자의 감수성 역시 물질분배 일변도의 관점에서 물질분배와 문화적 차이가 혼용되는 방향으로 변화하고 있음을 강조했다. 특히 물질분배의 구조는 기본적으로 상당히 유지되는데도 불구하고, '위험'을 감지하고 그에 대응하는 '문화적' 또는 '구성적' 측면에 있어서 개인별 차이가 확대되는 경향을 관찰하여 그것을 '개인화'라고 불렀다.

사회 불평등의 논의에 있어서 '문화적' 차이는 흔히 '귀속집단'의 차이와 혼용되기도 한다. 예컨대 계급의식에서 나타나는 여성과 남성 간의 차이는 흔히 '성'이라는 귀속적 특성에서 유래하는 것으로 설명되고, 인종이나 종족성 역시 '문화'와 강고하게 결합된 것으로 해석된다. 이러한 '귀속적' 집합범주에 기초해서 흔히 '교차성' 개념이 제시되기도 했다. 말하자면 계급이라는 기본적으로 순수하게 '경제적'인 집합적 범주가 위에서 말한 '경제외적'이고 '귀속적'인 집합범주들과 교차하면서 사회 불평등의 맥락을 복잡하게 만든다는 것이다.

『위험사회』를 출판한 1980년대에는 독일을 비롯하여 서구사회에서 페미니즘의 가부장제 비판이 아직 강한 시대였기 때문에, 벡은 불평등과 관련된 '집합범주'로서 '여성'이 얼마나 지속 가능할 것인가에 대해 의문을 제기했다. 벡의 결론은 '성'이라는 집합범주 역시 '개인화' 추세로부터 자유로울 수 없다는 것이었다. 여성의 개인화는 '여성 정체성'으로의 통일로 귀결되지 않으리라는 판단이었다. 이후 방법론적 세계시민주의로 넘어가면서, 벡이 불평등 구조에서 그 집합적 효력을 인정한 유일한 범주는 앞서도 보았듯이 '국적'이었다. 벡은 '외국인' 특히 주변부 출신, 또는 유럽통합 이후에는 유럽연합 외부의 외국인만이 서구에서 지속적으로 '타자'로 규정되는, '불평등 구조 속에서 유일하게 유효성을 갖는 집합범주'라고 보았다. 어찌 보면 이것은 현재 유럽에서 가장 중요한 정치적 문제로 등장하는 난민 문제를 정확히 예측한 것이기도 하다.

이와 같이 벡은 세계사회에서 국적에 따른 중심부-주변부의 불평등 관계 이외에 불평등과 관련된 '경제적' 또는 '경제외적' 집합범주는 모두 문화적 또는 구성적 측면에서 다양성을 산출할 수밖에 없다고 보았다. 달리 말하면, 위험의 분포나 그에 대응하는 라이프스타일을 선택함에 있어서 중심부-주변부 간의 집합적 차이는 상당히 '결정적'인 영향력을 발휘하는 반면, 계급·성·인종의 범주와 관련해서는 집합적 유사성 못지않게 개인별 차이의 확대 역시 기대할 수 있다는 것이다. 이와 같이 계급·성·인종의 집합범주보다 '국적'의 구조적 영향력이 막강한 이유는, '국가'라는 권력기구의 존재 때문이다. 국가는 복지를 제공하거나 제공하지 않음으로써 자국의 국민들이 세계사회에서 차지하는 지위에 결정적인 영향을 미친다.

이와 같이 벡은 물질적 불평등과 규범적 또는 문화적 불평등의 혼용 또는 상호작용을 관찰함에 있어서 예컨대 '집합적 범주들 간의 교차성' 관점과는 전혀 다른 방식을 취했다. 벡은 그와 같은 혼용이 집합적 수준의 '교차'가 아니라 오히려 개인 수준의 '혼종'이라고 설명했으며, 단지 '국적'의 경우에만 그 집합적 불평등의 영향력을 긍정했다. 그것은 개인의 '구성적' 능력이 국가의 제도적 능력을 넘어설 수 없기 때문이다. 예컨대 계급·성·인종에 의한 불평등은 국가의 복지제도나 제도적 평등정책을 통해 약화될 수 있고, 실제로 서구 복지국가에서는 그와 같은 집합적 정체성이 약화될 만큼 복지국가가 영향력을 행사한다고 본 것이다. 반면에 국적 간의 불평등을 약화할 세계국가는 존재하지 않는다. 따라서 세계사회에서 '국적'은 여전히 불평등의 원천이 된다고 본 것이다.

이와 같은 관점에서 벡은 원제가 "독일의 유럽"이고 한국어로는 『경제위기의 정치학』으로 번역된 저서에서, 독일 총리 메르켈의 자국 중심주의적 유럽정책을 '메르키아벨리' 정치학이라고 부르며 비판했다. 통합된 유럽에서 국민국가가 여전히 핵심적인 정책결정의 단위로 작용하기 때문에, 즉 유럽통합의 중추인 독일에서 유럽을 오히려 '독일의 유럽'으로 인식하기 때문에, '세계시민적' 지평의 해결책을 제시할 수 없다는 것이다.

3
좌·우를 넘어서

앞서 보았듯이, 1960년대 후반부터 이미 '이데올로기의 종말'이라는 시대진단이 출현했다. 따라서 사회학이 좌·우의 이념대립을 넘어서야 한다는 지적은 새로운 입장이라고 보기 힘들 듯하다. 그럼에도 역시 앞서 보았듯이, '탈이념화'에 대한 지적이 '근대 산업사회'라는 관찰의 틀을 뛰어넘지 못했기 때문에, 좌·우를 넘어서자는 벡의 주장에는 새로운 면이 있다. 벡은 이념대립을 탈피하여 더 발전하고 더 성장할 수 있다는 관점이 아니라, 발전과 성장 자체가 한계를 노정하고 위험생산을 피할 수 없으므로 이념대립에서 벗어나는 실용주의적 태도가 필요하다고 주장했기 때문이다.

자유주의와 사회주의는 각각 산업사회의 한쪽 면만을 강조한다는 점에서 '산업사회'와 굳게 결합된 역사적 관점이다. 자유주의는 산업사회를 통해 봉건적 신분제에서 해방되어 인간이 이성적 행위자가 되었다는 측면을 강조하고, 사회주의는 그러한 과정 속에서 '경제적' 관계에 기초한 계급이 출현하여 세습됨으로써 사회경제적 불평등이 구조화되었다는 사실을 강조한다. 자유주의가 인간 행위자의 '합리적'인 능력을 과대평가했다면, 사회주의는 '구조적 결정'을 과대평가해 왔다. 따라서 기든스의 방식으로 구조와 행위성이 상호작용한다는 '구조의 이중성'을 통해 자유주의와 사회주의를 화해시킬 수도 있을 것이다.

그러나 자유주의와 사회주의는 모두 산업과 물질생산을 사회적 활동 및 구성 또는 역사의 중추로 놓는다는 점에서 제한적이다. 전통적 근대화론과 마르크스주의는 모두 '생산력 발전'에 한계가 있으리라고 가정하지 않았다. 인간은 과학에 근거해서 생산력 발전에 장애가 되는 모든 요소들을 제거할 수 있다고 믿었다. 이런 점에서 탈근대주의 관점에서 비판하듯이, 근대화론과 마르크스주의는 모두 계몽주의의 후손들이다. 인간 이성의 발전에는 장애가 없고, 그것은 성장과 부의 확대에 기초해 더 많은 자유와 평등과 정의를 실현할 것이라고 믿었다.

말하자면 자유주의와 사회주의는 산업발전과 산업평화를 견인하는 두 바퀴였다. 그런 만큼 그것들은 체계화된 산업사회의 관점이고, 산업사회 외부에서 새롭게 발현하는 사회적 현상들에 대해서는 관찰조차 할 수 없는 폐쇄성과 자족성을 갖추었다. 근대의 '사회적 체계'에 대한 루만의 설명은 한편으로는 이렇게 자족적이고 폐쇄적인 근대적 의사소통 통로의 한계를 설명하는 것으로 해석될 수 있다. 서구의 복지국가란 자유주의와 사회주의가 이념을 넘어 실용적으로 화해한 결과라고 볼 수 있다. 자유주의는 생산력 발전에 필수적인 개인의 창의성과 자유를 강조하고, 사회주의는 산업평화를 저해하는 집단적 불평등과 갈등을 강조하기 때문에, 양자의 관점이 적절하게 조화될 때 산업발전과 사회평화라는 두 마리의 토끼를 모두 잡을 수 있다. 복지국가와 같은 형태로 국가가 산업체계에 개입하고, 그러한 과정이 정당정치를 통해 민주적으로 제어될 때, 최적의 수준에서 생산과 분배의 균형을 조율할 수 있는 것이다.

그러나 이와 같이 산업에 기초한 사회체계의 '균형'과 '합리성'은 그 사회체계 밖에서 새로운 사회적 현상이 대두할 때, 또는 오히려 사회체계 자체가 그러한 새로운 현상을 유발하는 원인이 될 때, 심각하게 위협받지 않을 수 없다. 벡 사회학의 출발점은 바로 이 지점이다. 산업사회의 사회체계 밖에서 새롭게 나타나는 사회적 현상의 본질은 바로 산업사회와 그것의 착취 대상인 자연세계의 경계가 무너지고 있다는 것이다.

루만에 의하면 모든 체계는 '경계'에 의해서 그 존재를 증명한다. 그런데 현대사회에서 사회체계는 더 이상 스스로를 주장할 수 있는 확실한 경계를 보장하지 못한다. 개인화에 의해 제도와 규범이 변화하기 때문에 개인이라는 '심리적 체계'와 제도로 이루어진 '사회적 체계'와의 경계가 허물어진다. 또한 과학과 산업이 함께 생산하는 생화학적 위험들이 '사회적 체계'에 의해 걸러지지 않고 사회의 구성원들에게 직접적으로 영향을 미치기 때문에, '생물학적 체계' 또는 '자연체계'와 '사회적 체계'와의 경계 역시 허물어진다.

그런데 이와 같이 경계의 유동화를 유발하는 장본인은 바로 스스로의 경계를 유지하고 재생산해야 하는 '사회적 체계'들이다. '사회적 체계'들의 경계를 유지하기 위해 역설적으로 그것의 경계를 허무는 현상이 나타나게 된 것이다. 개인화를 통한 경계의 유동화는 산업체계가 생산하는 무질서한 '생애위험들' 때문이고, 자연세계와의 경계에 구멍을 내는 것 역시 산업체계가 생산한 '거대위험들'이다. 산업체계가 생산한 위험들은 그 외부로 무질서하게 버려져서 그 '외부'를 확대하고, 결국 '사회적 체계'의 경계를 침범하며 위협한다.

이런 상황에서 좌·우를 넘어서는 탈이념화는 발전에 대한 전망이 아니라 위험과 자멸에 대한 불안에 기초한다. 이것은 자본주의 경제위기가 초래하는 생산력 파괴에 대한 불안보다 더 근본적이고 더 광범위하다. 경제위기에 의한 생산력 파괴가 특정 집단의 생존 문제뿐만 아니라 지구 위의 모든 생물체의 생존 문제로 연결되기 위해서는 핵폭탄이나 화학 무기, 온실효과와 같은 과학적 발명품들이 필요한데, 바로 그와 같은 것들을 생산하여 얻은 이윤에 기초한 것이 '선진 산업사회'이기 때문이다.

좌·우를 넘어서자는 벡의 제안은 '함께 더 잘 살자'는 제안이 아니라, '적정한 수준에서 좋은 삶을 살자'는 제안이라고 볼 수 있다. 그리고 경제성장의 '신화'를 비판한다는 점에서 벡의 사회학은 새롭다. 또한 그러한 '신화'를 비판하면서 체계의 '균열'이나 구조에 의해 궁극적으로 제한되는 '행위성'과 같은 '미세'하고 '점진적'인 변화들이 아니라, '위험'이 명령하는 순간의 결단과 공감에 의해 새로운 연대형태가 '창발'하리라고 기대한다는 점에서 또한 탈근대주의와 구별되는 새로움을 제공한다.

세창사상가산책 14 | 울리히 벡